BOURDELLE

IL A ÉTÉ TIRÉ EXCEPTIONNELLEMENT DE CE VOLUME TRENTE EXEM-PLAIRES SUR MADAGASCAR DES PAPETERIES LAFUMA, DONT DIX HORS COMMERCE, NUMÉROTÉS A LA PRESSE DE I A 20 ET DE A a J.

CE VOLUME, LE VINGT-NEUVIÈME DE LA COLLECTION "MAÎTRES DE L'ART MODERNE", DIRIGÉE PAR T.-L. KLINGSOR, A ÉTÉ ACHEVÉ EN JANVIER M.CM.XXX, LA GRAVURE DES PLANCHES PAR LA SOCIÉTÉ DE GRAVURE ET D'IMPRESSION D'ART A CACHAN, LE TEXTE PAR DAUPELEY-GOUVERNEUR A NOGENT-LE-ROTROU (EURE-ET-LOIR).

" MAITRES DE L'ART MODERNE "

BOURDELLE

PAR

ANDRÉ FONTAINAS

*60 planches hors-texte
en héliogravure*

LES ÉDITIONS RIEDER

7, *Place Saint-Sulpice*, 7

PARIS

M.CM.XXX

A SES ÉLÈVES ANCIENS ET RÉCENTS.

BOURDELLE

PREMIÈRE PARTIE

ONSTRUCTEUR, dit-on, ou sculpteur-architecte, ces appellations conviennent au génie d'Émile-Antoine Bourdelle. Lui-même les revendique, mais elles ne suffisent pas à le définir, à moins d'en rendre tout aussitôt plus précise la portée.

Dès la première rencontre, Bourdelle apparaît différent des sculpteurs, ses contemporains, d'un grand nombre des sculpteurs qui l'ont précédé. Certains l'estiment grand à l'égal des plus grands maîtres, certains demeurent convaincus, peut-être, que, dans ses recherches et ses réalisations, il s'est abusé. Mais il n'est indifférent à personne. Les appréciations comparatives d'un artiste avec d'autres (ceux surtout que l'admiration des siècles consacre) ne sont que vaines et médiocres. Que ce soit pour nier, que ce soit pour grandir le mérite d'un artiste, c'est une sottise toujours d'opposer un créateur à ses pairs : chacun n'est important qu'à la mesure de sa personnalité, ou, précisément, par les qualités qui lui sont propres et qui le différencient. Michel-Ange englobe en sa puissance la merveille de l'Italie renaissante, sans que Donatello ni Ghiberti en soient diminués ; Bourdelle, de même, n'anéantit pas Carpeaux ni tel gracieux et fort tailleur de pierres parmi nos contemporains.

D'ailleurs, et quoi qu'en puissent penser des critiques ou philosophes dogmatiques, aucun art n'est restreint à des limites fixes ou absolues. Chaque fois qu'un nouveau génie se manifeste, c'est que, en réalité, il a transgressé des limites qui n'apparaissaient intangibles que parce que d'autres artistes s'y étaient arrêtés. Peut-être même à chaque fois que l'on atteint à une révélation nouvelle, abandonne-t-on, en proportion, tel ou tel élément de l'acquis antérieur. Qu'importe? L'artiste réfléchi observe à part soi et à son propre usage des règles ; il s'appuie sur les principes les plus stricts dans la mesure où ils s'adaptent aux desseins qu'il poursuit, où ils expriment les nécessités secrètes et les aspirations de sa sensibilité, de sa volonté, et où ils les coordonnent ou les combinent très sûrement. Quant au surplus des règles et des préceptes, il les rejette et les oublie.

On prétend de Bourdelle, parfois, que sa pratique aurait consisté à en revenir au style tantôt des Assyriens, tantôt des Éginètes et primitifs de l'Hellade, ou encore des maîtres médiévaux et romans. Non. Il a interrogé ces maîtres-là non moins que tous ceux qui ont vécu avant lui ; il possède le sens de leurs efforts, de leurs recherches ; s'il les reproduisait, les copiait, les imitait, son art serait dépourvu d'expression et de beauté, un art de copiste l'est toujours et forcément, puisque ce n'est pas lui-même dont l'esprit, l'idéal et la pensée y sont enfermés ; mais, au contraire, qui extrait et utilise quelque chose des exemples et des préceptes dont ceux d'autrefois se sont accommodés, cette chose il l'assouplit, il l'amalgame, il la fond aux exigences spéciales de son tempérament et de ses recherches personnelles. En tout cas, un souci constant, le même, prédomine chez ces sculpteurs, et Bourdelle, ayant le même souci, appartient à leur lignée ; ils conçoivent l'œuvre en architectes, ils construisent.

Néanmoins, entre eux et lui un contraste arrête, singulier et troublant. Ruines, vestiges à peine subsistants du temple d'Égine, des palais de Khorsabad, notre imagination suffit à les reconstituer dans leur ensemble et leur détail sculpté, en présence des guerriers du fronton à la Glyptothèque de Munich, ou des colosses et des bas-reliefs du British Museum et du Louvre. Leur réalité s'exhausse à nos yeux d'être nécessitée par la structure des monuments, et de lui être nécessaire. Ainsi elle est constante, ainsi elle vit, non point arrachée, séparée, dispersée, isolément, mais en tant que d'organes indispensables à l'ensemble et impliqués par lui. Il en est de même pour les personnages figurés au tympan de Vézelay ou à Moissac.

Les images créées par Bourdelle imposent aussi à l'imagination de croire à un édifice qui en elles concentre les suprêmes instants de sa valeur expressive ; seulement, et c'est le prodige ! l'édifice, par le malheur des temps, est toujours imaginaire : l'imagination de Bourdelle lui-même règle et détermine la nôtre. Bourdelle n'a jamais rien conçu qui ne se rattache à un centre (sa pensée, sa sensibilité à coup sûr), et en fonction duquel chaque partie de son œuvre, à l'heure exacte où sa naissance est indispensable à l'équilibre de l'ensemble, apparaît et remplit son office.

L'œuvre totale de Bourdelle s'agrandira toujours d'être rassemblée, ou si seulement une mémoire émue la réunit dans l'élan d'une admiration unique. Là est avant tout sa grandeur frappante. Il n'existe pas d'œuvre plus diverse, plus variée, plus renouvelée dans ses réalisations successives, il n'en existe pas qui soit plus *une*, mieux marquée du signe d'une même réflexion, d'un même vouloir, d'un même et continu idéal, d'une même inspiration originale, d'une même âme fervente, convaincue et exaltée.

Telle l'inoubliable leçon, à Bruxelles, en décembre 1928, de cette exposition merveilleuse : dans les salles du nouveau Palais des Beaux-Arts, la plus considérable réunion des ouvrages du maître, dans leur grandeur d'exécution, depuis la moindre statuette jusqu'au colosse monumental, le monument Alvear. Telle sera, à coup sûr, la leçon de l'exposition d'ensemble qui se prépare, pour février 1930, par les soins du Gouvernement français, à l'Orangerie des Tuileries.

Bourdelle a eu la puissance de rénover la tradition, qui semblait perdue, de la statuaire monumentale. Avant lui, la méconnaissance des lois qui régissent les réciproques relations de la sculpture avec l'architecture donnait naissance, surabondamment, à des constructions hétéroclites dont les éléments, confrontés, supportés par le hasard, allaient se heurtant, se contredisant, l'un annulant l'autre : ennemis enchaînés, décourageants et découragés, stériles et ennuyeux.

L'émerveillement s'attache à une partie, ou en fait l'ellipse. L'arc de triomphe de l'Étoile, sa masse pensive et glorieuse, quelle vie le transporte et l'anime lorsque c'est Rude qui marque, à un des pieds-droits, l'allure et le rythme. Étex morne, Cortot désolant contrecarrent ou retiennent l'élan. De même un côté de la façade à l'Opéra déborde, fait irruption, chante et bondit, mais à Carpeaux quelle sinistre froideur fait contraste et s'oppose.

Tristesse du temps présent, ce désaccord perpétuel où les arts différents se morcellent ou s'isolent, chacun pour soi, et n'acceptent du voisin ni support ni achèvement. Bien plus, l'entente est brisée dans la pratique du même art par le fait du partage entre artistes sans cohésion d'ardeur ou de métier. Des choses qui se superposent se démentent, et l'on tend au fignolage du détail, on se désintéresse de la liaison des parties et de leur correspondance. Les prestesses agréables d'une main adroite déjouent la décision motivée des grandes masses, des reliefs prévus, des lignes décoratives, de l'expression essentielle et réfléchie.

Le miracle de Bourdelle, en notre temps, c'est d'être l'artiste complet. S'il préfère le langage du sculpteur, il excelle même dans les autres. La synthèse est portée en son cerveau, il est pour lui-même un maître d'œuvre, qui réalise ou qui sous-entend l'ensemble où se fixe à sa place selon son vouloir l'ouvrage conçu dans sa matière, plâtre, pierre, marbre, bronze. Nul n'existe qu'en vertu d'une nécessité définie ; si elle n'a point d'existence réelle, un vouloir nous la suggère, centre à quoi tout élément se relie.

Qui donc est Bourdelle, et d'où provient son prestige ?

Un modeste artisan, un peu passé le milieu du xixe siècle, là-bas à Montauban, faisait et réparait des meubles, solides, établis suivant les plus honnêtes traditions, reprenant les formes, les angles, surtout les aplombs de jadis, sinon de toujours, consciencieux, réfléchi, sachant donner aux pièces de bois éprouvé, dur, résistant, les courbes, les profils nécessités par la seule élégance de leur destination. Un fils lui naquit en décembre 1861, c'était Émile-Antoine Bourdelle, qu'il initia au travail de l'ébénisterie sérieuse, d'un poids qui s'avoue nonobstant l'allègement de parties sculptées, creusées ou rehaussées en vue d'un agrément décoratif par quoi s'en expriment et s'en confirment l'usage et la beauté. A cette sculpture, pour ainsi parler, rationnelle non moins qu'émouvante en son détail, l'enfant œuvrait avec une telle ardeur de conviction et une si fière sûreté qu'il fut bientôt envoyé à l'École des Beaux-Arts de Toulouse et, en 1885, muni d'une bourse d'études, à l'École nationale des Beaux-Arts, à Paris. Il y entra dans l'atelier de Falguière, mais promptement décontenancé par les superficielles et vaines recherches de ses condisciples et par l'indifférence taciturne du maître, il cessa de le fréquenter, se satisfaisant tout d'abord d'écouter les conseils plus virils de Dalou et d'approcher de Rodin. Les misères de la vie le contraignirent à étouffer ses premières ambitions ; il travailla, praticien de Rodin, et durant des années, à mesure qu'il découvrait, étudiait, admirait les Renaissants, et les antiques, les romans, les gothiques, et, plus près de nous, Rude, Carpeaux, pénétrant le mystère de leurs intentions et à la fois les secrets jusqu'aux plus ténus de leur facture, il se les assimilait avec une aisance que, sans doute, le maître astucieux et génial qui l'employait sut en maintes occasions mettre ingénieusement à profit.

Qu'importe? Au jeune artiste, ce temps de labeur assidu a été profitable : rien, ainsi que l'affirme M. François Fosca, « ne montre mieux sa forte personnalité que cette faculté d'assimilation : il est avide de toute beauté, s'en empare, la marque de son sceau ». En même temps, il s'essayait, il s'adaptait à toutes les techniques, à toutes les matières ; il dessinait, il peignait au pastel, à la fresque, à l'huile, il employait la pierre, le grès, le marbre, la terre cuite, le bronze. Rien ne lui demeurait étranger des arts du dessin ni des procédés plastiques. On pouvait pour son avenir redouter cette confusion, mais lui voyait avec netteté la voie où il s'engageait, il préparait lucidement l'éclosion magnifique de son destin que nul ne soupçonnait. C'est que, en réalité, à part l'assouplissement des pratiques manuelles, ses maîtres n'avaient été ni ceux de Toulouse, ni ceux de Paris, et ni ceux d'Athènes ou ceux de Florence, ni ceux qu'il connut, fréquentait, écoutait encore. Son cœur, son cerveau s'étaient illuminés d'un bien plus haut enseignement ; la grâce et la force, à son insu d'abord, en mûrissaient au tréfonds de lui-même. Il y était fidèle obscurément, malgré toute l'attention exclusive qu'il attachait avec raison à l'expérience des moyens multiples, divers, d'exécution, selon qu'ils s'imposaient aux tempéraments et aux nécessités ; il se composait le plus vaste, le plus inépuisable répertoire que jamais peut-être artiste ait eu à sa disposition. Il s'agissait pour lui d'en faire son profit, certes, mais surtout sa chose, avec toutes les ressources imaginables adaptées sans hésitation possible à tous ses besoins, aux moindres exigences de son idéal et de sa volonté.

Quand les obstacles eurent été surmontés, quand les difficultés matérielles eurent enfin été annulées par tout ce que désormais il savait, par tout ce qu'il avait rendu malléable et soumis à son gré, par tout ce que dorénavant il se sentait assez sûr de son métier pour oser transformer et innover à la mesure de ses vœux fervents, de plus en plus marqués de sa personnalité, alors, se souvenant, il n'écouta d'autres directions que les primitives dont son enfance s'étaient nourries, il en fortifia ses résolutions de jour en jour plus nettes, il en tira la flamme héroïque et vivace dont est à jamais exalté son génie ; il y demeure, fier et conscient, inaltérablement fidèle.

« Quatre dieux », — il le déclare avec un juste orgueil, — « quatre dieux m'ont tout enseigné. De mon père, le meublier-charpentier, tailleur de poutres en figures, j'acquis le sens d'architecture. Devant les durs assemblages je conçus mes tracés par les structures intérieures... ; d'un de mes oncles, l'Hercule tailleur de pierres, j'appris à écouter le roc, à composer tout droitement mes plans taillés et leurs tournants en suivant les conseils de la pierre qui nous parle quand on la coupe... ; de mon aïeul maternel, tisserand, je compris comment nouer serrées, comment faire valoir les couleurs dans les trames... » N'oublions pas que Bourdelle n'est pas moins peintre que sculpteur, et dans sa sculpture même ne le sent-on peintre aussi ? — Et enfin, il poursuit, songeant à l'aïeul paternel, qu'il accompagnait avec ivresse, quand il pouvait, menant ses troupeaux dans la montagne : « Le sentier chevrier conduisait mes pensées capricieuses à s'appeler, à se tresser entre elles diverses et groupées comme le troupeau sur la route. — La syrinx du meneur m'a révélé le chant. »

Le chant : le démon d'enthousiasme hante et emplit de joie

créatrice le cœur magnanime de Bourdelle. Il ne lui suffit pas d'équilibrer, de construire dans la vérité de ses proportions intérieures une figure isolée, un groupe, un relief ; mais à mesure que se sont éclaircies l'audace et la certitude, un rythme les complète et les rapproche les uns des autres.

Le quadruple enseignement de ses dieux détermine toute son activité et son invention. Le souci de la construction, le souci de respecter la matière et d'éveiller en ses profondeurs la couleur et le chant ont dominé sa production entière. Jamais il n'a recours à l'artifice qui viole ou qui ruse (... et c'est ce qu'on apprend à l'école !). Ses figures les plus fougueuses, les plus envolées s'appuient dans la vérité de leur aplomb, par elles-mêmes, quels que soient leur attitude et leur mouvement.

Bourdelle est de ceux qui ont beaucoup attendu. Sa formation s'est opérée, non pas lentement, mais abondamment ; de tout ce qu'il absorbait, et je crois qu'il n'existe rien en son art qu'il n'ait absorbé, l'expression de sa personnalité s'élaborait en lui, mais il lui fallait pouvoir l'en dégager, enrichie et comme gorgée en même temps que plus pure.

Et puis, infortune commune, universelle, glorifiante ! Que de temps pendant lequel on l'a méconnu, nié, discuté, raillé sans doute et négligé. Jamais l'amertume n'a amoindri son cœur ni sa pensée. Empli de la confiance la plus saine, il a accompli son œuvre. Il a accepté, il a choisi hardiment sa destinée, son esprit est trempé d'assurance et de noble sérénité. Maintenant qu'il a atteint les sommets suprêmes, les obstacles ne comptent plus. Ont-ils jamais compté ? Sa mémoire ne les a pas retenus. Aussi n'y a-t-il pas lieu, fût-ce rétrospectivement, de le plaindre. L'œuvre que jeune il concevait indistinctement s'est mûrie de méditation, épanouie, toujours fraîche, enthousiaste et puissante.

Les fées lui avaient, dès son enfance, octroyé un don merveilleux. En dépit des inquiétudes qui l'ont assailli au cours de sa carrière, des déceptions, des vicissitudes qui ont dû troubler la clarté de ses journées laborieuses, il a, aux heures mauvaises, opposé cette force qui dompte et dissipe les brumes : il n'a jamais douté !

Un formidable déchaînement de puissance surhumaine, l'extraordinaire véhémence d'une imagination et d'une réalisation à la fois inspirée et volontaire placent d'emblée l'œuvre sur un plan de maîtrise. Elle ne comporte ni faiblesse, ni discordance, aucune disproportion.

Son point de départ, encore qu'il ait produit bien avant, c'est, aux entours de 1902, le monument qu'il fit pour sa ville natale : *Hommage aux morts, aux combattants et serviteurs de Tarn-et-Garonne* (1870-1871). Là, il échappe presque tout entier, non sans efforts visibles, à l'emprise de Rodin ; — ou plutôt il se débat avec une fougue tumultueuse, un acharnement indomptable, il se cherche ou se surprend. L'aspect du monument, ramassé à la fois et désordonné, fort et jeté comme pêle-mêle, saisit, tout d'abord, au débouché du pont sur le Tarn : on est sensible à cet emportement du savoir, de l'émotion et de la volonté, mais il y a surabondance et défaut, sans doute, de sérénité ou plutôt d'équilibre.

Brusquement, à cette époque, la maladie contraint l'artiste au repos. Il ne peut que peindre, que dessiner pendant plusieurs années. Il peint, il dessine sans lassitude, mais surtout il s'étudie, il se pénètre, il enveloppe et étreint, resserre, assimile les conditions réfléchies de son art ; il s'est conquis ; il s'éveille, il s'assure en pleine maîtrise.

Voici Bourdelle, enfin, celui qui nous enflamme et que nous aimons, Bourdelle tel qu'on l'apprécie aujourd'hui pleinement, tel que le connaîtront les siècles.

Une science de technicien, une aisance ample de la facture

ont assoupli au profit de l'artiste, dès lors, toutes les ressources
de son métier ; il n'est rien qu'il ne sache exécuter selon ses
desseins et ses projets. Où sa puissance déborde les moyens
connus, c'est en cette maîtrise ardente dont la facture matérielle est un élément, certes, indispensable, partout présent
et solide, mais désormais acquis, adapté, sans hésitation ni
reprise tant soit-il nécessaire.

Si, par exemple, Bourdelle arrête un moment devant son
Marteau de porte, ce morceau prodigieux qu'il intitule la
Main désespérée, l'admiration de ses contours fermes et pourtant flexibles, de ces creux, de ces ressauts du modelé, des
harmonies liées et vibrantes des fosses et des saillies, il sub-
siste quelque chose d'indéfini dans l'admiration qu'on éprouve,
quelque chose qui émane d'une beauté plus constante et plus
profonde que la seule magie des surfaces, un mystère qui, en
opposant les parties ou en les réunissant, en gradue davantage la saisissante grâce, la hardiesse jaillissante, impérieuse
et contenue : c'est que, du centre, du noyau, de l'abîme caché
au bloc qui s'exprime, saillies ou creux extériorisent l'irré-
pressible irradiement, l'ardente effusion, ou, selon les cas, un
élan plus discret. Ils marquent à la lumière du jour l'affleure-
ment désormais visible et les modalités d'un foyer, d'un feu
intérieur.

L'élan provient de plus loin qu'il ne semble et se propage
d'autant plus en profondeur. L'esprit l'anime, impose à la
matière de se projeter dehors, au moment même où il s'y
fond. Il y a là, de l'un à l'autre, un nœud mystérieux, réciproque, exaltant l'esprit en la matière, faisant de la matière
le monument de l'esprit.

Et Bourdelle l'a conçu, élucidé, précisé par d'admirables
formules où il me plaît de lire les préceptes purs de son évan-
gile :

Le maître d'œuvre ou créateur transpose en prêtant la pensée au
marbre, et le marbre au tourment humain.

Le créateur tient mêlées dans sa main synthèse et analyse, mais actives en même temps : ainsi il fonde l'unité.

L'art c'est l'esprit portant le monde à la matière.

L'art c'est l'homme liant la matière à l'esprit.

Mais il y a plus :

L'art c'est tout l'univers recréé dans un homme.

L'artiste doit avoir la sensation de tout. Nous ne refaisons rien de ce qui nous est étranger. Nous ne pouvons créer le visage d'un autre.

Tout ce que nous créons est notre visage éclairé.

Pour reprendre un visage et pour le voir et le synthétiser, il y faut le regard des mages, car il faut découvrir le visage voilé : tout portrait sans cela n'est qu'un triste cadavre.

L'esprit, la personnalité d'un homme se concentre transfigurée et s'exprime et se libère par l'œuvre qu'il crée : émanée de lui, elle demeure ce qu'il est, indépendamment des effigies particularisées, individualisées au gré des ressemblances, et ce n'est point tant le général Alvear ou Anatole France qu'un Bourdelle nous révèle que, bien plutôt et préférablement, ce que l'idée, l'image, la fréquentation, l'étude d'Alvear ou de France englobe, assimile ou dégage de pensée ou de sensibilité *bourdelliennes* en elles, ou tout ce qui d'elles s'est absorbé au cœur et au cerveau de l'artiste. Laissons à de vains simulacres où s'efforcent les moyens mécaniques l'inutile prétention de préserver le fantôme apparent d'un homme, sans participation non plus de réflexes que de réflexion chez l'intermédiaire opérateur ; l'art n'annule pas plus le représenté que celui qui représente, mais ne se borne pas davantage à isoler la figure de l'un ou de l'autre intégrale ou sans mélange. L'une est, en son essence, mêlée de l'autre. L'un étreint de sa personnalité la personnalité de l'autre ; lutte où tous deux succombent et triomphent également, ils se pénètrent, s'expliquent, se complètent d'éléments qui s'appuient, contrariés ou d'accord, magnifiés ainsi ou, du moins, transposés ; le surplus, que leur démence d'affinités rejette, s'écroule et disparaît.

Portrait de France, dira-t-on : sans doute, mais surtout portrait de France fondu au cœur et en l'esprit de Bourdelle ; Bourdelle non plus n'y est Bourdelle sans mélange, mais Bourdelle inspiré, saisi par l'idée que France, de son aspect, de son importance, de son langage, lui impose. La plus décisive pureté naît de la fusion de tels antagonismes volontaires ou inconscients.

Et le sculpteur encore, dont l'art est fondé sur le concours et la résistance de la matière, à la fois maîtrisée et obéie, ne s'élève qu'à proportion de l'importance qu'il accorde, en ce dur combat, aux transfigurations que lui suggèrent les données, les visées aussi poursuivies en son esprit.

Et Bourdelle, fervent, conscient, illuminé, chante, car, émerveillé de lyrisme, cet ami de Jean Moréas, cet adorateur des poètes de Ronsard à Mistral ou à Mallarmé et à Verhaeren, il a écrit dans sa vie de nombreux vers enthousiastes ou doctrinaux, Bourdelle chante la vérité suprême de son métier qu'il révère, de son art dont il pressent la splendeur totale :

> L'esprit conçoit dans la matière,
> La matière prête à l'esprit.
>
> La matière et l'esprit, s'entr'aidant dans la pierre,
> Font de l'ombre de l'homme un dessin surhumain.

Entre la matière et l'esprit se poursuit un échange perpétuel. L'âme des matériaux fondue à l'âme de l'esprit (comme il dit) fait apparaître la beauté. Il consulte la matière « vénérable et douce » ; il la délivre, puisque, dit-il encore, il guette « l'idéal impatient dans la pierre ». Les matériaux innombrables, marbre, pierre, bronze, bois, ont chacun sa limite de support, de résistance et d'aspect. « Il faut être attentif au génie de chacun, car il ne s'adapte pas indifféremment à toutes les formes. Lorsque le sculpteur a choisi, déjà intervient l'esprit, qui grandit à se conformer aux lois de la matière. L'art est adaptation avant même que transformation, et cette transformation n'est efficace que selon des données logiques et concertées. »

L'intelligence dans l'élaboration d'une œuvre égale la pratique matérielle pour le moins. Chez Bourdelle, la connaissance, la comparaison assidue, la compréhension la plus large de tout ce que son art a jamais produit soutient avec magnificence la réflexion, l'élan du rêve imaginatif, la concentration intelligente : avoir tout absorbé ne lui suffit pas, ne lui est guère d'importance ; ce n'est pas d'érudition ou d'archéologie qu'il se soucie, tout se coordonne chez lui au sentiment de l'idéal personnel, c'est sa nature d'être héroïque.

Il excella toujours à se dégager des confusions, parce qu'il porte en soi la puissance de contrôler, les connaissant, le mérite et l'efficace des ressources séculaires ou récentes. Il s'est découvert, enrichi de cette découverte incessante, ce que les artistes du passé ont amalgamé en leurs ouvrages hautains ou gracieux d'inquiétude, de souffrance et d'amour. Voilà le but auquel lui-même atteint, et de hausser ainsi à son altitude de pureté l'âme de celui qui regarde et qui est sensible. « Le métier, déclare-t-il, n'est à l'art qu'à peine ce que le charbon est à la flamme : toutes les sciences de nos techniques (et elles sont nombreuses) ne sont à l'art que le charbon obscur. »

Procédant ainsi du dedans au dehors, le maître d'œuvre compose dès lors, dans les contours qu'il a taillés, non plus précisément ses figures, mais ce qu'il dénommera « le volume et le poids des roches » qui supportent ses figures : contours et surfaces, ce sont la matière, la figure étant l'idéal. La pierre, enfin, aura construit la lumière, « cette spirale en croissance, la pensée du sculpteur ».

Du triangle de buis troué qui est la syrinx, l'aïeul-chevrier faisait jaillir de même une âme douce ou déchirante.

2

▣

Si j'insiste sur le démon d'enthousiasme lucide et de réflexion approfondie qui habite et emplit de joie créatrice le
cœur pieux de Bourdelle, c'est que, grâce à lui, il ne s'assu-
jettit pas seulement à équilibrer, à construire dans son aplomb
et dans la vérité de ses proportions intéressées une figure isolée, un groupe, un relief ; mais, à mesure que se sont éclaircies
et magnifiées l'audace et la certitude, un invisible rythme les
rapproche, les complète les uns par les autres. Il y a moins,
à proprement parler, des œuvres qu'une œuvre de Bourdelle,
aux apparences multiples, mais déterminées, fût-ce elliptique-
ment, fût-ce, si l'on veut, par un prodige de suggestion, selon
les relations occultes d'une architecture unique, préconçue,
délibérée et qui, exprimée dans certaines de ses effusions
d'entre les suprêmes, existe sous-entendue, dans la masse
impondérable d'où elles sourdent et qu'elles illustrent.

La plus noble simplicité est à la source de tout ce que Bourdelle imagine et construit. Aussi n'incline-t-il jamais, dans la
réalisation, à l'erreur ou à la ruse. De cet apanage n'apparte-
nant qu'aux plus grands, il jouit sans réserve et seul peut-être
ne s'en doute pas. Sa pensée se conserve, poursuit ses desseins,
aboutit au terme en dépit des mensonges dont la cohue l'en-
vironne, des ambitions viles, des flatteries tentatrices. Ce
n'est ni un calcul ni la volonté qui maintient à une telle hauteur, ceux qui fréquentent cette cime y furent portés dès leur
naissance, quelques-uns ne la quittent jamais, Bourdelle
compte parmi eux ; d'autres descendent et cèdent aux lourds
conseils de l'intérêt. Pourtant l'artiste et le créateur ont de
tous temps servi de cible aux exigences de l'ordre social, on
ne saurait y échapper et vivre, il faut bien, hélas ! que l'on
compose... Mais l'esprit doit être préservé, l'intégrité du sentiment et de la pensée.

Une œuvre d'art dans son essence ou quelqu'une de ses aspirations confuse, entortillée, ambiguë dès son origine ne saurait monter haut. Elle étouffe au treillis des complications vaines qui l'enserrent. Les choses belles ne s'emmêlent ni ne se brouillent. Où la nature parle-t-elle un langage plus simple qu'aux œuvres émouvantes des époques de sérénité? Sous le masque et la grimace des civilisations complexes, c'est au cœur des écrivains, des artistes, des savants que se perpétue cette simplicité indispensable et primordiale : Michel-Ange, Rembrandt, Bach, Racine sont simples : les sentiments sont simples, seules les circonstances où il leur fut infligé de se débattre ont été compliquées et difficiles.

Une œuvre de Bourdelle est, en ce sens, toujours simple dès le départ. La ressource capitale de la simplicité ainsi entendue, c'est la franchise. Il sait toujours ce qu'il veut et où il va. Ses procédés sont de droiture, l'amènent à des solutions vives et justes, décisives et enthousiastes, parce qu'ils ne s'embarrassent pas, chemin faisant, du poids des indécisions et des craintes superflues. Plaire, déplaire n'est pas ce qui le préoccupe, non plus que de rencontrer le blâme ou la louange, mais de réaliser dans la plénitude de ses moyens l'image qu'il s'est proposée.

Sans doute ne lui est-il pas désagréable de se sentir admiré et compris, mais la continuité de sa vie est remarquable, qui témoigne que pas un jour il n'a rien sacrifié de ses principes, de sa vision, de ses idées, afin de s'assurer le succès. Longtemps la faveur publique l'a tenu à l'écart, a paru se méfier, lorsque, tout crûment, elle ne l'ignorait pas. Sa production persévérante et géniale a rompu toutes barrières ; l'attention s'est fixée sur elle, le suffrage à présent est unanime, Bourdelle connaît la gloire, qui ne l'enivre pas : lui est-elle un stimulant au travail? Nulle existence n'est plus réglée et plus remplie que la sienne ; au milieu des joies de la famille, dans la paix d'un foyer qui lui est cher, environné d'amis éprouvés et sincères et de disciples confiants, rien ne l'occupe que le labeur qu'il s'est choisi et l'accomplissement avec non moins de patience que d'ardeur de l'œuvre que, réfléchi et enthousiaste, il a entreprise. Peu d'hommes sont moins que lui déroutés vers les honneurs et le futile effarement des apparences distinctives ; il en accueille sans surprise ni dégoût ce que le public ou les autorités lui en décernent ; il ne consacre pas son ambition à les obtenir, à s'en parer.

Aussi sa biographie se présente-t-elle dénuée d'événements, elle se confond avec l'œuvre.

Que convient-il de dire, en premier lieu, de lui pour lui rendre l'hommage le plus juste? Quelque chose qui soit suprême au jugement de ceux qui pratiquent un art plastique, quelque chose que son compatriote montalbanais, Jean-Dominique Ingres, non moins que, par exemple, en Italie Léonard, en Allemagne Dürer, ou Hokousaï au Japon, eût apprécié comme lui-même : *il a dessiné*. Et qu'a-t-il fait encore? Il a dessiné. Et puis, et toujours? Il a dessiné.

C'est que le dessin, c'est l'âme active, déterminante et secrète ; c'est le ressort, c'est le fondement ; c'est aussi la force suprême. Le dessin, c'est la vue de l'abstraction se traduisant dans le concret ; c'est où s'opère la fusion du réel que sera l'œuvre faite et de l'imaginatif qui en détermine ce qui sera résistance, équilibre et forme par le choix même ou la conception dans le cerveau. Une ligne, ou l'arête d'un contour, c'est un moyen de se rendre compte, un instrument de contrôle et de réalisation. Il s'agit de tout construire de façon que des données et des relations qu'établissent la réflexion et l'intelligence soient traduites dans la réalité de la matière, qui, par elles, se conditionne, s'ordonne et s'affermit. Dans le dessin, le génie intervient, domine, s'assure de soi, de sa puis-

sance et de sa faculté de rayonnement ; au delà, c'est le technicien plus ou moins habile qui exécute. Le dessin, proclame
Bourdelle, le dessin est tout. Il dit à ses élèves : dessinez, dessinez, vos figures d'argile ou de marbre tiendront debout.

Aussi le dessin est-il l'obsession permanente de ses heures.
Pas un de ses ouvrages qui, pour la coupe, les profils, l'aspect
d'ensemble ou d'un détail, n'ait été étudié, repris, recommencé
et poussé, le crayon dans les doigts ou à la plume ou rehaussé
de couleurs, jusqu'à l'achèvement dernier et même souvent
davantage. Mais ce lui est une délectation encore de dessiner
des dessins qui ne constituent ni des croquis à utiliser ni des
recherches de labeur. Le visage ouvert et grave, lèvres serrées du vendangeur vendômois, Auguste Arnault, cet ami de
l'artiste, ou, comme dit la dédicace, cet « essai de marbre à la
pointe de plomb », ce dessin est daté de l'automne 1920.

On peut mettre en parallèle un autre dessin, non moins sûr
et plus sensible (1887), où l'artiste débutant — à vingt-six ans
— retraçait à la plume le portrait de sa mère, de qui le souvenir sacré rejoint en son cœur celui de ses dieux inspirateurs,
le tisserand mêlant à la trame les fils colorés, l'oncle tailleur
de pavés, l'aïeul chevrier, le père, artisan qui construisait ses
meubles avec la sagacité et la conscience d'un maître architecte.

Qu'on lise sous le dessin original ces ferventes lignes d'évocation familière : « Aujourd'hui, février 1888, j'ai tenu dans
mes mains un tablier de ma mère. Je le dépliais, je l'étendais
pour le mieux voir. Un charme pur s'en dégageait pour moi ;
l'étoffe douce au toucher, d'un bleu fané, son ton faibli, usé
par de nombreux lavages, dégageait comme un parfum d'ex-
quise honnêteté. Ce modeste souvenir a évoqué en moi mes
années d'enfance. Je me suis revu assis sur les genoux de ma
mère, entourant sa tête de mes petits bras ; plus tard, étant
plus grand, l'hiver au coin du feu, me serrant, épeuré, contre
elle en écoutant mon père parler de sorcières et de loups-

garous. Puis, l'été, sous le firmament ruisselant d'astres, lassé par la lourde chaleur du jour, assis près de ma mère, ma tête sur ses genoux, heureux dans la douceur du sommeil, du rêve et de l'amour filial. »

Le dessin de Bourdelle prend tous les aspects, absorbe les possibilités. Il est curieux, après avoir examiné le double croquis aux mesures précises, enserré comme au compas, en vue d'établir dans l'exactitude de ses proportions, de ses courbes, de ses creux et de ses proéminences la ressemblance d'Anatole France, de plonger aux cartons de ses compositions innombrables, projets, études pour des illustrations admirables, féeriques, mouvementées, où le rêve même est évoqué dans le sursaut tumultueux de personnages fabuleux, d'héroïnes chastes, tendres, de dieux et de héros et ces séries hallucinantes et sublimes de centaures ne se contentant plus d'apparaître doubles, chevaux par le bas, hommes par le torse et par la tête, mais à qui il a poussé des ailes gigantesques, et qui, nouveaux Pégases, traversent les espaces célestes, convulsés d'émoi, dans un élan formidable, à mi-chemin du ciel et de la terre. Et voici, de la jeunesse de Bourdelle, lorsqu'il fut contraint par la maladie de délaisser la besogne rude du sculpteur, un grand nombre de portraits, de paysages, à l'huile, au pastel, qu'il semblait en ce temps-là affectionner de préférence. Et il se délasse parfois encore à cette distraction qui, s'il n'eût jamais fait autre chose, suffirait déjà à l'exhausser au rang des maîtres. Il sied, toutefois, de réserver une place privilégiée, dans cette énorme production du peintre, aux fresques, aux études de fresques qu'il entreprit pour la décoration du théâtre des Champs-Élysées. D'abord, elles ne figuraient que des projets de bas-reliefs, mais soit que l'intention des constructeurs se soit modifiée, ou que Bourdelle luimême ait par scrupule de conscience changé ses dispositions, des fresques à la détrempe, au nombre d'environ soixante, emplissent la place qui leur était destinée, escaliers, corridors, dégagements intérieurs, d'un art non moins fougueux, emporté, troublant que les groupes, compositions, figures, reliefs du dehors, mais néanmoins dégagées de la pierre de l'édifice avec plus de discrétion intime et dont le mirage à peine y affleure.

◘

Comment analyser l'un après l'autre ou fragment par fragment les ouvrages de Bourdelle, quand précisément, malgré leur diversité inépuisable, ils se caractérisent par cette continuité qui les complète et les lie, chacun faisant appel à ce qui des autres le confirme ou lui fait contraste? De même, dans un vaste édifice roman ou des fortes époques de la civilisation hellénique, un bas-relief, un groupe, une figuration isolée s'équilibre et se fortifie par le concours unanime de chacun et de tous.

D'ailleurs, avant qu'il ait été possible d'expliquer les intentions ou de disjoindre les éléments dont se constitue une œuvre, cette œuvre, sans qu'on s'y soit préparé, aura agi sur l'âme, elle aura été saisie. L'entraînement d'un si complet prestige n'est point hésitant non plus qu'incertain. D'où provient-il? Comment le maître lui-même, qui s'y évertue, pénétrerait-il cette loi mystérieuse qui régit sa production?

Déjà nous l'avons pressenti. Aucun des sculpteurs d'aujourd'hui ni des temps écoulés ne le surpasse en savoir technique ou par la sûreté abondante du métier. S'il estime avec raison que là est la base solide, inébranlable de tout art quel qu'il soit, cette ampleur, cette souplesse et cette précision du métier n'est pas plus l'art lui-même, que la connaissance d'un vocabulaire et des flexions syntaxiques d'un langage articulé n'implique qu'on sache écrire un poème. Ce serait bien plutôt l'ensemble des rudiments qui ne valent guère par eux-mêmes, si indispensable soit-il de les posséder et de les asservir ; c'est au delà seulement que l'art commence.

Fréquemment on discerne dans la production d'un artiste

les progrès de la facture, on la divise et la groupe par pé-
riodes. Une fois affranchi des influences qui embarrassèrent
plus ou moins ses débuts, Bourdelle n'avait plus rien à appro-
fondir, à améliorer ; déjà en fait, même en se soumettant à la
tactique manœuvrière de ses aînés ou de ses pairs, il acceptait
de s'y plier plutôt qu'il ne s'y conformait, faute de disposer
d'impulsions ou de réflexions personnelles. Il étudiait plus
qu'il ne subissait. Ce fut un jeu de son instinct de se libérer
d'influences, à mesure qu'elles le gênèrent. En réalité, son
talent original est si spontané, si puissant et indomptable
qu'on s'en émerveille dès ses débuts, qu'il s'atteste aussi vi-
goureux et aussi complet dans ses ouvrages du début que dans
les derniers, les plus récents.

Est-ce à dire que rien n'ait eu à se développer en lui, qu'il
ait piétiné sur place, qu'on ne surprenne chez lui aucune évo-
lution? Certes, il serait absurde de le supposer. Mais les dons
qu'il tenait dans la main dès qu'il commença à s'en servir
n'étaient point incomplets ou incertains, son regard avait la
même assurance, si bien qu'il a pu sans inconvénient reprendre,
achever à divers moments des ébauches de sa jeunesse sans
y rien transformer, il a pu surtout exécuter des projets de
jadis, selon qu'ils avaient mûri en son cerveau à mesure que
passaient les années.

Et voilà la particularité de l'art de Bourdelle. Un œil, une
main magnifiques, une sensibilité affinée et fougueuse à la
fois, et, en même temps, un cerveau, un cerveau merveilleux
que tout pénètre et enrichit, qui amalgame, qui compose et,
ne s'arrêtant de méditer et de songer jamais, monte, s'exalte,
épanouit et porte en plein ciel le témoignage de sa sagesse et
de son ardeur. L'idée le transfigure, l'entraîne, le grandit, sans
que ce soit en aucun cas au détriment de l'émotion qu'elle
purifie et qu'elle active, ni de l'exécution dont elle exige tout
comme en se jouant, dont elle ne tolérerait aucune défaillance,
de même qu'en sa faveur elle n'abdique pas.

O Reine, Imagination ! N'est-ce, avec autant de justice

qu'en Delacroix, que Baudelaire aurait célébré en Bourdelle la richesse inépuisable, la grandeur, la splendeur cardinale de cette faculté qui crée le monde et qui le gouverne?

« De même que la poésie lyrique ennoblit tout, même la passion, la sculpture, la vraie, solennise tout, même le mouvement ; elle donne à tout ce qui est humain quelque chose d'éternel et qui participe de la dureté de la matière employée... La sculpture réclame, déclare encore Baudelaire, en même temps qu'une exécution très parfaite, une spiritualité très élevée... Qui peut douter qu'une puissante imagination ne soit nécessaire pour remplir un si magnifique programme? »

Ce n'est point pourtant Bourdelle que Baudelaire pressentait, il n'était pas né en 1859, ce n'est pas Rude qu'il louait, à peine Auguste Préault, de qui, cependant, les rêves tumultueux, même incomplets, lui donnaient quelque peu de ce « plaisir immatériel », auquel conduisent seulement « le goût du grand et la sainte fureur de l'imagination ».

Stabilité, mouvement, de l'une à l'autre, c'est le rythme par quoi se déterminent les rapports, un continuel échange, l'absorption véritable.

Aux premières figures composées par le sculpteur, cela est visible. Le beau buste de *M*^me *Michelet*, large et tempéré, n'est déjà pas autre chose. De même en celui de *Charles Louis-Philippe*, où la réalité est serrée volontairement de très près, on se rend compte à quel point, dans la franchise ingénue de la construction et de l'effet, l'étude attentive de la nature est à l'origine l'éducatrice, le guide. Seulement, dès le principe aussi, la seule observation directe ne saurait suffire, elle n'aboutirait qu'à une satisfaction partielle ou momentanée. Transposition, je m'en doute bien, mais surtout illumination, qui seule est expressive, convaincante et valable, par une intelligence et d'une intelligence, cet immatériel, même dans la matière, par quoi tout se transforme et ressort magnifié.

C'est dans cette période première qu'il composa le *Monument aux Morts de* 1870, commandé par la ville de Montauban, puis le buste faunesque, sardonique et si douloureux de *Mécislas Golberg*, la grave et méditative et pure *Pallas-Athéné*, et son *Hellade immortelle*.

Rares les figures ou compositions où transparaisse la sensualité de l'homme au songe et au désir de la femme ; elle est, du moins, d'une vigueur si saine qu'elle s'adresse surtout à la pensée. Quoi de plus sensible, cependant, de plus vivant, de plus souple et de plus gracieux que la *Bacchante foulant des grappes*, que la *Petite Bacchante*, la *Baigneuse*, le *Fruit*, dont le premier modèle date de 1908, et l'adorable *Séléné* au corps allongé, fluet comme le croissant de la lune, dans son élégance ingénue, toute subtile?

Le style s'amplifie, ou l'ambition de composer un ensemble architecturé de figures en action se développe. Bourdelle s'essaye en ses groupes rustiques idéalisant les souvenirs toujours présents de ses belles heures enfantines. Le *Bélier rétif*, la *Jeune femme au bouquetin* marquent un pas énorme dans la voie de la synthèse, où, mieux dirait-on, Bourdelle commençait à prendre conscience pleine et entière de lui-même. Désormais, son épanouissement est total. L'ouvrier plus qu'industrieux ou impeccable, inventif et magistral sert le penseur, l'animateur de symboles suprêmes, le témoin frémissant de cet éternel conflit entre la matière et l'esprit ; tous deux selon son vouloir, en obéissant à leur élan et à leurs exigences, il parvient à les unir, à les fondre en un essor commun, que sa réflexion régit, jointe à son savoir.

Tout jeune, nous raconte Bourdelle, il a longuement médité à la vue d'un aigle qu'on retenait captif dans une cage. Le formidable oiseau lui apparut comme l'image de la destinée de l'artiste, mais il se le représentait aussi frémissant, les ailes étendues, en lutte contre la force du vent, au plus haut vertige de l'air. Et alors il se disait :

« Dans le travail humain, l'aile matérielle de l'aigle, c'est la matière et le métier ; mais la passion, la méditation et la croissance lente du sens exact des vérités. Le cœur tout étoilé et l'âme avec l'esprit d'essor, c'est l'art.

« Et si le goût d'élévation, les hommes l'appellent génie, c'est que, sans doute, tout penseur pur, tout haut poète-artiste porte en son être vrai un prisonnier divin.

« C'est seulement lorsque l'ouvrier entend en lui le vol de l'aigle et la voix de l'archange que la grande œuvre vient surélever le seuil humain. »

Telle la signification au profond de son âme, du vers célèbre de Lamartine :

L'homme est un dieu tombé qui se souvient des cieux.

Bourdelle, ouvrier n'ignorant rien, en ce qui concerne la matière et le métier, du « sens exact des vérités », le cœur étoilé, l'âme inspirée par l'esprit d'essor, par le goût d'élévation, obéit, certes, à l'impulsion du prisonnier divin, et il est le penseur pur, le haut poète-artiste qu'il définit si bien.

Sapho à la lyre est une œuvre de sagesse et de grâce. *Pénélope*, d'expression humaine si austère et suavement chaste, en la ferveur calme de sa beauté toute sensible et de noblesse comme ingénue, demeure une des plus graves et souveraines figures qu'il ait réalisées. Je citerai, en outre, le fier buste de *Jean Moréas*, l'effigie volontaire, énergique, hautaine d'*Ingres*, les premiers essais d'un buste ou d'un masque de *Beethoven*, qu'il chercha aussi à donner par la peinture, et enfin la tête de douceur virile, de sérénité souveraine, à peine dédaigneuse, farouche et exaltante du dieu cher à toutes les âmes exaltées, l'*Archer Apollon*.

Enfin, au Salon de 1909, fut exposé *Héraklès archer*, la composition qui, définitivement, attira l'attention publique, mais qui, aussi, provoqua un déluge de commentaires et de basses critiques, de discussions effarantes et stériles, d'épigrammes et de railleries. N'importe, les détracteurs d'alors, selon l'usage, n'allaient point tarder, dès qu'il leur eut suffisamment paru établi que la faveur de la vogue lui était acquise, à se proclamer (à s'estimer au for de leur conscience) les premiers et les plus fidèles admirateurs de l'artiste. Cela fait nombre et n'est pas inutile.

Bourdelle avait mené une existence rude, s'était plié aux nécessités de besognes mercenaires, s'était débattu contre les obligations auxquelles il fallait bien qu'il se soumît. Mais, patient et obstiné, ce qu'il portait de grandeur libre en son cerveau et en son cœur n'en était point étouffé ; enfin, maître de soi et de sa destinée, il sentait qu'il allait pouvoir se donner tout entier à sa pensée et à son travail personnel.

Héraklès, le corps non moins bandé que son arc, s'incruste à la terre et au roc des deux pieds et du genou. Les muscles intéressés par l'élan du tir ou la résistance du tireur, acte à la fois bondissant et stable, regorgent de sève, s'enflent vigoureureux, prestes et ramassés, et de leur double effort vont s'enrichissant. Le héros surgit, expression magnanime et sauvage, de la terre dont il provient et dont, avec son geste assainisseur et divin, il résume les représailles, la justice.

▣

Et maintenant s'ouvre l'ère des œuvres incomparables, des altiers, des éloquents et suprêmes chefs-d'œuvre, l'ère de maîtrise, dont la production s'apparie au génie qui l'a enfantée.

Au théâtre des Champs-Élysées, Bourdelle a été, pour la conception même de l'édifice dans son ensemble, le collaborateur des architectes Perret. Il n'a point superposé son travail au leur ; l'un est incorporé à l'autre, et en dépend ou en résulte ; la masse du bâtiment n'est nulle part compromise, refoulée, débordée au caprice d'un virtuose de la pierre invité à la parer. Les reliefs de la façade, bandeaux, cartouches, n'ornent pas, ne sont pas une ajoute, mais vivent indispensables à l'économie totale ; la pierre, où il le fallait, chante, sensible et expressive, son mystère et sa beauté.

La frise sur la façade n'en contrarie pas par sa véhémence l'ordonnance plane et rectiligne ; elle l'anime et en traduit l'âme, enseigne prodigieuse au fronton où le sens même de l'édifice est enclos, magnifié.

Le haut-relief ne se réduit pas ici, comme trop souvent les sculpteurs modernes l'ont traité, à un pis aller de ronde bosse mal dissimulée, ou à des perspectives picturales traduites dans le marbre, la pierre, le bronze. Il a scruté à fond la matière, où s'établit et se combine à son gré un échange sans cesse équitable et savamment réparti entre les résistances qu'elle oppose et celles de la conception. Les plans se subordonnent l'obstacle qui résiste impénétrable, ou plutôt ils en tirent profit pour accomplir les desseins du maître qui écoute et qui a vu. L'unité d'action n'admet ni bossage futile ni chantournement superflu. La pierre, en consentant à parler ou à chanter, libérée par l'artiste, n'en vient nulle part à méconnaître qu'elle soit l'assise ferme d'un ensemble architectonique, et jamais elle n'en dément le dessin primordial.

Apollon rassemble les Muses, elles accourent à son appel, et sur les caissons latéraux, dans le pathétique de leur action, sont évoqués la *Danse*, la *Comédie*, la *Tragédie*, la *Musique* et les *Arts plastiques*.

A l'intérieur, les fresques emplissent aussi leur place et les desseins des constructeurs.

C'est la maîtresse œuvre de Bourdelle avant la guerre.

Depuis, elles se sont succédé, variables, nombreuses, portant le sceau du même esprit, architecturales, liées à des desseins d'architectes, ou suggérant l'ensemble dont le sort les a détachées.

La frise en stuc polychrome qui surmonte, à Marseille, la scène de l'Opéra, est agencée prodigieusement. Selon le rythme onduleux qui se propage de la mer, dans une gloire éthérée d'ailes, au centre un génie accueille la naissance, outre deux nymphes surgies, de la *Beauté*, ou *Aphrodite massilienne*. Latéralement, les groupes sont tendus attentifs dans un mouvement ordonné de danse ou d'extase religieuse. De la gauche extrême, la *Méditation scénique* entre les *Choreutes* ou parmi la figuration d'*Attributs*, élève les accents du *Chant lyrique* inspiré, plus enthousiaste que le simple et naïf *Chant agreste* qu'il efface, et la gravité sonore de la *Voix tragique*. De la droite, à l'incitation de la *Mnémosyne, ou Mémoire théâtrale*, prennent essor le chant héroïque de l'*Épopée, deux voix*, qui, en haut, se répondent et s'unissent, des *Danses* qui marquent l'harmonie et la suavité parfois douloureuse et toujours tendre de la *Comédie musicale*.

L'allégorie ne serait rien, indépendante du décor et de l'expression qui se justifient nécessaires merveilleusement l'un à l'autre. L'envergure d'ailes calmes et séraphiques dans un ciel de couchant où l'or lentement s'atténue, le fond rocheux et gris, le sol rose bordé par l'ondulation amoureuse du flot, et la succession double de figures vers le centre avec ce qui les désigne et les pare, la signification souple ou altière de leur repos ou de leur action, s'exaltant à la cadence des bras, des torses balancés, des pieds lumineux, légers, des instruments, syrinx ou lyres, et de la voix humaine mieux que tout au monde limpide et émouvante, chaque élément implique et appelle le plus proche, le premier rejoint l'ultime, tous se confondent dans la splendeur centrale, forme et pensée de la *Beauté*, radieuse, absolue, provenue de la mer, où elle s'est formée, aurore, à travers l'espace terrestre, et s'exaltant au ciel éperdu du couchant.

Projet de monument aux députés morts pendant la guerre ; la *Victoire au bouclier votif ;* la *Vierge à l'offrande ;* la *Grande Vierge d'Alsace* : dressée, monument d'espoir, de bonté, à mi-hauteur de la montagne, elle résume d'une part le sacrifice et l'abnégation confiante. Compatissante et tendre, ainsi qu'elle fut éprouvée et restera douloureuse, elle offre au monde affolé de turpitude et de déréliction, elle élève en exemple de sacrifice, en holocauste de ferveur son enfant, l'Enfant-Dieu, qui, les bras d'avance ouverts en croix, destiné à assurer par son martyre prévu la rédemption universelle, découvre et révèle à l'homme son frère, dès qu'il apparaît et parce qu'il est pur, un peu, fût-ce à son insu, du caractère divin que lui-même porte en soi.

Le *Monument de Montceau-les-Mines*, sous la lanterne des mineurs — la *Lanterne des Morts* ! — la tragique et apaisante figure de l'Hartmannswillerkopf dressée au seuil de l'obituaire, la France adressant le salut d'accueil aux combattants fraternels de l'Amérique, ah ! que de grandeur, quelle inépuisable fécondité dans la grandeur, que de prodiges d'invention, d'imagination, d'exécution ! Et n'est-ce à Daumier, encore, que le génial artiste songe, à d'autres sans doute sans nombre, à qui il étend avec piété son souvenir, Émile Verhaeren, Pergaud, — et il exécute sans compter les projets des monuments qu'il édifierait à leur mémoire...

La *Statue équestre*, à Buenos-Aires *du président Alvear* égale le *Colleone* de Verrocchio à Venise, par la puissance de l'attitude, du mouvement adapté de l'homme et de sa monture. Quatre sereines figures le gardent, fortes, paisibles, fermes, qui en répercutent et en précisent sans la diminuer l'expression. La *Paix*, la *Victoire*, fruits magnifiques de cette *Force intérieure* par quoi se réalisent les impulsions de la conscience et du devoir accepté, la *Liberté* aussi, ardentes d'être parvenues au triomphe désiré, arrêtent d'elles-mêmes leur élan. Leurs poumons s'enflent au souffle dont les emplissait l'intrépidité d'une lutte désormais achevée, leurs visages en rayonnant interrogent. Et, de même, le cheval colosse refrène sa marche, le général qui porte en arrière la ligne tendue de son torse, lève le bras, ouvre la main, proclame par son attitude le retour de la concorde.

Le moment bref mais définitif s'est sur place implanté. Elles s'immobilisent, les figures ; le rôle de la matière est terminé. L'intelligence parle, prolongée en ondes de lumière, désireuse de foi et d'accueil. Elle apporte, elle fait plus qu'offrir, elle répand ce qu'elle donne, mais ne quémande rien en retour, tant elle est naturellement sûre d'être attendue, de réchauffer, et qu'une gratitude unanime, même inconsciente, est impliquée dans l'acceptation.

Entre le tumulte éteint du combat où tout s'est âcrement conquis et la consécration, habitude du bienfait qui se révèle, un suprême instant de compréhension réciproque met tout comme en suspens : c'est cet instant grandiose que l'œuvre de Bourdelle a saisi et manifeste.

Que de fois, c'est le secret étonnant et durable, là même où un mouvement impétueux apparaît irréductible, l'équilibre de la construction le contrebalance par la stabilité : *Alvear*, l'*Archer Héraklès*, hauts-reliefs des Champs-Élysées, la *Défense* (ou l'*Épopée*) *polonaise*.

Communément on estime que la représentation du costume moderne ne convient guère à l'art du statuaire. En vérité, si l'on s'en rapporte à de trop fréquentes expériences, on pourrait penser que le costume ancien et jusqu'au nu ne lui conviennent pas davantage. Bourdelle ne s'embarrasse pas de prohibitions de ce genre. S'il a à représenter un costume moderne, pourquoi ne le représenterait-il pas? S'il lui faut donner l'image d'un héros militaire, pourquoi esquiverait-il sa tâche de le montrer, comme il était, revêtu de son uniforme? Jamais il ne recule à revêtir ses personnages du costume qui leur est propre. A la vérité, son exemple est un perpétuel démenti au préjugé qu'une figure sculptée ne peut être que nue ou, comme on dit, drapée. L'unique condition requise, c'est que le costume n'apparaisse pas une maladroite adjonction au personnage qui est censé l'avoir porté, mais que, naturel et nécessaire à sa figure, il acquière une signification décisive, il occupe sa place dans l'ensemble.

Aucun insigne ne manque, aucun bouton à la tunique d'Alvear ; les épaulettes sont la copie d'épaulettes authentiques, les bottes, les éperons. Le sabre avec sa large garde à quatre branches s'allonge au fourreau droit que contourne la dragonne. La selle, la bride du cheval ne sont pas moins exacts, aucun détail n'est éludé, mais chacun vit proportionné à son importance ; sa présence ne captive point l'attention tant chacune de ces particularités se trouve absorbée par la vision totale ; entre elles elles sont coordonnées où elles doivent être, au second plan.

Mickiewicz, le pèlerin de l'espace, assoiffé de liberté, se transfigure par l'ardeur de son enthousiasme. Le souffle d'une épopée tragique l'échevèle sans l'apaiser. Il surgit, il marche, il persiste vers son but de lumière. Par la route, en dépit des tempêtes, il va devant lui, semant la parole de foi et de ferveur. Elle soulèvera les peuples, elle groupera les opprimés. L'élan de tout son corps fonce contre l'obstacle. La violence des tourmentes adverses s'engouffre aux plis soulevés de son manteau ; il marche toujours, rien ne l'abat. Sur le plan humain, il s'apparie à ce qui est sa pensée, l'âpre et pathétique suscitation de la Pologne recomposée, refaite, de sa grandeur farouche, de sa vaillance, de sa frénésie d'affranchissement, telle qu'elle bondit, figure ailée de son propre mouvement, nue jusqu'à la ceinture, brandissant des deux mains l'épée à mi-hauteur de la colonne votive, tandis que, par-dessous, les regards angoissés vers elle, mais qui jamais ne désespèrent, les opprimés, les enchaînés, les asservis, sans voix, la stimulent et l'implorent.

Cette colonne à présent, comme l'on sait, de proportion si bien mesurée, appropriée, pour soutenir et élever, sous sa patine d'or éteint, de cendre et de lumière douce, monte son fût, élan rythmique sans emphase, au milieu de la place de l'Alma, et la figure du poète qui la cime de son impatience obstinée de prophète, et la figure de la Pologne en révolte, indignée, entraînante, résument l'âme vraie d'un peuple, contenue, misérable, résignée ou désespérée, comme la traduisent les hauts-reliefs magnifiques, tout récents, du socle : *les Captifs*, *les Deux Pologne*, hélas ! cette misère à peine conjurée, et, vivaces sources d'héroïsme, souvenirs légendaires, *Wallenrod, le chef des chevaliers teutoniques*, d'une part, et, d'autre part, *Halban, le vieux Barde ;* l'héroïsme et l'enthousiasme, le courage et l'espoir, préfiguration quasi mythique de ce qui s'incarne et s'éploie plus haut en le bondissement de l'*Épopée*, en l'acharnement généreux du poète *Adam Mickiewicz*.

En travaillant à ces « grandes machines » dont son activité et son énergie sereine ne tardent jamais à venir à bout, Bourdelle n'abandonne jamais au hasard ni ne néglige ses moindres travaux. Est-ce d'ailleurs un travail moindre de faire affleurer aux surfaces du visage humain, avec sa ressemblance positive, le poids, la couleur, le feu de son esprit et de son cœur? C'est là surtout que la théorie chère au maître garde sa pleine valeur : le visage, sa forme, le teint, ses tressaillements d'épiderme, ses rides, ses surfaces planes ou arrondies, tout ce qui en émane d'expressif, se mêlant à l'air, impressionnant d'effluves renouvelés l'atmosphère de pensée ou de sentiment où baignent les âmes et viennent s'enrichir les gestes humains, chaque parcelle visible ou non, à l'extérieur, est l'expression directe de ce foyer mystérieux que tous nous portons au secret de nous-mêmes ; la moindre des paroles, la plus insaisissable des attitudes, la plus fugitive des idées, le plus furtif des regards, un cillement, un frisson réprimé, il n'est rien qui ne soit un irradiement de cette flamme intime et cachée, qui n'en résulte aussi inévitablement que l'acte de respirer, voilà ce dont le sculpteur a pour mission de traduire par la matière l'impalpable aveu, le minutieux non moins que le majestueux enveloppement qui, au delà de l'identité immédiate et exclusivement physique (dont on ne saurait, d'autant plus exacte et véridique, se dispenser), dote de sa valeur réelle de ressemblance vraiment personnelle l'effigie d'un homme.

Un tel scrupule ne rappelle-t-il le mot célèbre de La Tour : « Ils croient que je ne saisis que les traits de leurs visages, mais je descends au fond d'eux-mêmes à leur insu, et je les remporte tout entiers »? Pour Bourdelle, toutefois, les traits du visage sont à ce point imprégnés d'eux-mêmes, de ce qui est au fond d'eux, qu'il ne saurait en opérer la disjonction, et que la difficulté, le but à atteindre, c'est précisément de parvenir à les reproduire sans en atténuer la valeur ou la signification, mais au contraire à les en dégager, à les en faire exhaler, à les douer de leur prestige véritable, révélateur dans la dureté d'une matière qui y résiste.

Voilà comment Bourdelle a été amené à reprendre jusqu'à douze fois son projet de buste ou de *Masque de Beethoven* et comment il ne se déclare point encore satisfait du résultat. S'il conserve une préférence marquée pour une des premières versions, cela tient, j'imagine, à deux causes. D'abord, dans le jet original, ce qu'il y a de spontané, de soudain et de surgi sans préparation révèle, mieux souvent que ce qui a été trop longtemps médité ou travaillé, le sens intime le plus véritable, que le labeur subséquent aura pour effet d'affirmer, de compléter, d'établir en sa vraie place. Indication entre toutes précieuses. — Et, en second lieu, c'est précisément à cette figure de premier jet qu'est advenue la désolante aventure, inexplicable, qu'un accident l'a anéantie ; il n'en demeure qu'une épreuve photographique, bien pâle, à demi effacée. La valeur sentimentale d'un regret y ajoute à l'appréciation qu'en

garde l'auteur. On s'en rend compte : dans la représentation
du visage de Beethoven, Bourdelle fera tenir l'impression que
suscite en lui le souvenir de la surdité du grand musicien, et
de sa souffrance taciturne, impatiente et prolongée, et surtout, en même temps, de la contention de cette figure vaste,
creusée et cependant si pleine d'une douloureuse harmonie,
doit s'épandre l'impression de joie austère, de religion humaine, universelle, de sacré délire épanoui et contrôlé, significa-
cation auguste et suprême des divines sonates, des neuf sym-
phonies et des grands quatuors. Mais le problème c'est que, par
rien d'extérieur, d'accessoire, de tributaire, cette double signification ne saurait valablement être expliquée, soulignée, proposée même ; il faut qu'elle émane des traits fidèles et sincères du visage, tels qu'ils furent au témoignage des contemporains, que dis-je, qu'elle en émane ? non, mais qu'elle les soit,
et qu'ils soient elle.

Que d'exigences, sans doute ! Et pour susciter la représentation d'un génie mort, et qu'on révère, arrive-t-on à jamais
se satisfaire ? Pourtant, Bourdelle jamais n'a dû voir Carpeaux, et son *Carpeaux au travail* le donne bien et tout entier.
Du moins, c'est l'évocation entière, sous les dehors de Carpeaux, du travailleur bilieux, volontaire, concentré, dont la
rudesse crée des images délirantes de grâce, de sveltesse
rythmée, de volupté souriante et de charme. Mais Carpeaux
était plus près de lui, occupé du même métier, tendant à donner la vie aux œuvres par des moyens plus voisins. Et ce ne
peut être médire, non plus, de Carpeaux si l'on convient que
la signification de son œuvre est moins vaste, moins universelle, moins variée et puissante que celle de l'œuvre de Beethoven. Il eût fallu, pour comparer, quel géant ? certains se satis-
feraient d'un Rodin, certes, et pourquoi non ? Mais Bourdelle,
avec l'admiration ingénue ou raisonnée qu'il professe pour
son aîné, n'oublie pas les années de dure discipline à quoi il
l'avait plié, au point que son originalité s'en trouva, un long

temps, étouffée, embarrassée. Que de débats il lui fallut, et nul encouragement, pour se dépêtrer de cette lourde influence. L'image qu'il forgea d'un Rodin, sorte de gnome malicieux et têtu, puissant même et tout d'une pièce, résume fort bien et ses dehors, non sans un peu d'outrance, et surtout le double sentiment, d'élan et de regret, chez l'auteur de ce buste; gnome, pourquoi? ou kobold, suprêmement de faune laborieux.

On connaît le beau buste de Krishnamourti, ce jeune prophète de bonté et de fraternel dévouement; Bourdelle l'a exposé au Salon des Tuileries en 1929. Bourdelle, séduit tant par la perfection des lignes du visage que charmé par la simplicité loyale de la doctrine, désirait, depuis plusieurs années, l'avoir pour modèle. D'avance, songeant à lui, il avait établi, de souvenir, une maquette frémissante où se résumait ce qu'il avait pressenti de sa physionomie psychique, pour ainsi parler, à travers l'expression des regards, dans les narines, sur les lèvres, de vigueur et de délicatesse aux muscles tendus ou apaisés des joues, du menton et du cou, de tension naturelle ou acquise aux parois des tempes et du front. C'était l'évocation, provisoirement satisfaisante, d'une ressemblance déjà sûre, dans la tenue générale et les proportions, une ressemblance tout extérieure forcément, mais qui, du moins au sentiment de Bourdelle, est conditionnée par les commandes et les impulsions du dedans.

Enfin, Krishnamourti vint poser. Il ne passait à Paris qu'une semaine et, non sans désappointement, le maître sculpteur apprit qu'il ne pouvait lui accorder que huit séances. « On l'avait, contait-il, assuré que ce nombre suffirait. » Et Bourdelle se mit à travailler, comme en toute circonstance, de toute son âme. Et l'autre s'étonnait de le voir sans cesse recourir à la mensuration par le compas de toutes les parties, des relations d'un point à un autre de son visage, vérifier au plus près les courbes et les profils avec leurs vallonnements et leurs renflements, puis, au moyen d'un tel procédé de précision méthodique, parvenir à une effigie harmonieuse, frappante, inspirée de cette flamme contenue, de cette plénitude d'ardeur généreuse qui sont vraiment le principe et la couleur de son apostolat. « Voilà, disait Bourdelle, en huit jours, ce qu'il est possible d'accomplir. Un document précieux de vérité humaine, la ressemblance. Que n'ai-je pu vous suivre, vous observer durant des mois : j'oublierais tout cela, ou plutôt, car votre identité physique ne saurait s'abolir, la part de la synthèse d'où émanerait, souveraine, transfigurée, la vision de votre personnalité interne, s'égalerait aux révélations analytiques de vos traits. Un jour, si vous vous y prêtez, je compte y arriver. »

Ainsi aux portraits même le contraste persiste qui fait pressentir à Bourdelle dans l'homme le dieu ou le héros, qui transpose le dieu également en une sorte d'homme surhumain en qui s'épurent les facultés des hommes. Carpeaux, Rodin, ainsi qu'il les présente et les magnifie, épris l'un et l'autre à sa manière de cette mobile perfection scellant d'amour et de lumière les objets de leur labeur, ne tardent pas à s'apparier à Héphaïstos-Vulcain, dont il suscite en eux deux faces puissantes et distinctes, surprises de la sorte au milieu de leur exil terrestre.

Et l'on en pourrait dire autant des bustes de ce vieillard décharné, aux yeux aigus encore de pensée nette et longanime, le *Docteur Kœberlé*, et du *Docteur Simu*, fondateur à Bucarest du musée, de cet insatiable gourmand d'intelligence et de savoir *Sir James Frazer*, penché sur les mystères dont il scrute, on croirait, par volupté le parfum enivrant et subtil, de l'architecte *Auguste Perret*, si direct et de qui on pressent à son regard les conceptions concertées, serrées, maîtrisées, presque froidement ambitieuses, et enfin cet *Anatole France* avec son front élevé où mûrit une pensée ordonnatrice et claire, avec ses yeux de malice capables d'apitoiement, emplis de méfiance aussi et sceptiques, et ses lèvres disertes, promptes, et jusqu'à la déviation du visage vers l'incrédulité et la moquerie.

Et cependant que des hommes tendent à se hausser à la splendeur héroïque des dieux, inversement les dieux se manifestent proche de l'homme, chacun d'eux condense en soi un type d'homme. Miroir convexe par une face, concave par l'autre, Bourdelle le présente aux deux races, enseignement prodigieux et salutaire.

□

Bourdelle souvent gravit les pentes d'un Olympe dont lui-même a forgé le parvis d'or. Il n'est pas situé aux confins de cette antiquité frigide, asservie aux découvertes de l'archéologie pédantesque que tant d'autres nous font subir, si bien qu'elle a détourné de la vénération du beau et du juste bien des esprits, hélas ! parmi ceux qu'aurait dû auréoler cette noblesse. On oublie trop volontiers, de nos jours, que les divinités ouraniennes ne sont pas des idoles vacantes ou gonflées de vent, mais d'éternelles, de suprêmes individualisations de la Beauté, de la Justice et de la Raison. L'homme les a créées à sa ressemblance ; c'est assez naturel, puisque leur forme accueille à l'état de pureté, déliée de tout mélange, les idées, les instincts, les passions, les faiblesses qui chez nous sont troubles, qui chez nous sont inextricables et corrompus.

Les dieux, figures idéales de nos pensées, de nos élans, de nos tristesses, de nos joies, anthropomorphes, certes ! mais à l'étape de perfection, se libèrent, étant un songe de sagesse et d'eurythmie, du poids de nos bassesses, hypocrisie, envie, mensonge, intérêt égoïste. L'air qu'ils respirent nous serait irrespirable. Cependant ils sont, ils sont en réalité, ils sont la réalité, puisqu'ils sont ce que nous sommes, à un degré d'apurement sublime et de suprême quintessence. Bourdelle les sculpte, bas et hauts-reliefs, figures en action semblables aux hommes, mais si différents, puisque les hommes sont ceux qui cèdent, qui obéissent à l'appel du sentiment, au souffle des appétits ; seulement, leurs tendances natives, la lourdeur première de leur nature les embarrasse et les retient. Les demi-dieux, les héros échappent déjà à de telles entraves, leur volonté et leur ardeur se fortifient l'une par l'autre, notre œil ne les distingue pas de la véhémence qui les entraîne. Ces Muses, ce Pégase, cette Pologne ailée d'un frénétique envol, cet Héraklès s'incorporant au rocher où son effort s'arc-boute et dont le geste l'enlève du même essor que son regard et que ses flèches, à travers l'espace, vers le ciel.

Peut-être même la révélation la plus importante, plus que des dieux mêmes, est-elle celle de ces créatures intermédiaires, qui participent d'eux non moins que des hommes. Elles aussi réalisent leur volonté sereine, mais dans l'emportement d'une passion sans mélange, car si elles sont proches des hommes encore, elles en sont le désir délivré de la pesanteur. Aux artistes créateurs, aux poètes des temps les plus reculés, l'existence de ces créatures ne fut pas étrangère. La signification que lui confère Bourdelle, ils ne l'avaient pas envisagée cependant.

La science des formes en action ou détendues au repos ne se constitue pas à soi seule sa limite. Entre elles la communication et le lien, la dépendance et la prédomination alternent. Des êtres visibles ou quotidiens à ceux que notre imagination crée de toutes pièces ou combine dans leurs éléments, un rythme nécessaire passe, qui les imbibe d'une réalité héroïque et puissante. Les anciens et les romans ont pratiqué avec maîtrise cette inhibition de ce qui aurait dû être à ce qui est, tandis que les sculpteurs modernes ne s'y sont guère intéressés qu'en attachant à des épaules d'enfants les ailes des chérubins, des anges ou des amours. Barye, praticien éprouvé des figurations d'animaux, a édifié un *Centaure* plein de souplesse et de vigueur, au gré des vieilles traditions. Mais dans l'œuvre de Bourdelle il bondit, bête et dieu, formidable et réel. Non plus cheval par les membres, tandis que le torse porte le poids du front, du visage et de la pensée d'un homme qui le cime et le métamorphose, il a mêlé à la force bestiale du quadrupède cette illumination de la douleur ou de la joie supérieure, avant même qu'elle se reflète, cependant qu'elle se reflète dans la face affinée de l'homme en chemin d'être un dieu, comme le pressent à bon droit l'artiste conscient ou le poète.

Aux champs, aux bois thessaliens, ce n'est pas à vrai dire une fiction, la montée se fait des créatures infimes, même abjectes ou brutales, vers l'intelligence et vers le chant qui adore et transfigure. Le lyrisme n'est point mensonge. Le Centaure Phryxus n'est plus turbulent ou insoucieux comme ses pairs, car il a assisté au passage du grand cheval ailé. Il en a perdu le repos, il s'en est rendu accessible au désir, et le noble poète Henri de Régnier l'a entendu qui s'écrie et qui soupire, et qui s'élance et se désole, ayant au fond de ses yeux jusqu'au dernier souffle conservé

> Un éblouissement de songe et de lumière
> D'avoir vu sur le pré, debout dans le soleil,
> Ce grand Cheval au poil éclatant et vermeil
> Qui, soudain, au bruit de nos pas, leva la tête
> Et dressée à l'écho son oreille inquiète,
> Fit un bond en dressant tout à coup sous nos yeux
> Ses deux ailes de pourpre à son dos fabuleux,
> Et qui, mâchant encore un laurier dans sa bouche,
> Se cabra, hennissant, et s'envola, farouche !...

Et maintenant il a conquis la lyre, et, si les ailes au dos ne lui ont pas poussé, son esprit, mieux que son corps, se cabre, hennit, s'envole farouche, harmonieux, et bondit dans l'azur. Maintenant il se crispe, se convulse, se hérisse à travers l'espace ; il s'extasie, s'enchante, donne la volée à des chants qui palpitent et qui émeuvent.

Le *Centaure mourant* est de Bourdelle une des figures les

plus imposantes et les plus confondantes que je sache. Monstre,
il est vrai, ou héros fabuleux, mais non par un contraste dis-
parate à sa sûre unité, il est là qui vit réel, puisque le sculpteur l'a nourri de sa pensée frémissante, puisqu'il l'a affermi
dans le rythme, l'équilibre et l'harmonie des formes où il l'en-
serre. Nous rejoignons ce mythe, ce symbole de l'esprit vivi-
fiant la matière où il s'infuse, cette union dans une commune
aspiration, cet essor simple d'un principe double, et ce témoignage encore, selon Baudelaire, le meilleur,

> ... Car c'est vraiment, Seigneur ! le meilleur témoignage
> Que nous puissions donner de notre dignité
> Que cet ardent sanglot qui roule d'âge en âge
> Et vient mourir au bord de votre éternité.

Éternité à quoi l'on songe dans le vertige ! le Centaure s'en est
approché ; il n'y pénètre point, mais il y touche. La main forte
posée sur la lyre qui sonne, il s'épuise, il tombe blessé et s'abat
sur le sol, il halète ; la nuit qui se clôt lui envahit le col et les
membres, il est tordu par la souffrance magnanime d'avoir
osé monter trop haut. Il cède, sa tête fléchit sous la lourdeur
du mal, sa mort prochaine peu à peu l'engourdit, mais il tient
encore l'instrument de sa grandeur, désormais de son agonie,
il en tire les derniers accords, son âme chante quand il expire,
superbe et terrassé, dans l'orgueil et le désespoir, et ses sabots
creusent la terre herbeuse, mais sa pensée hardie s'ouvrant
toujours au songe divin et tournée vers les étoiles.

Une force nouvelle accroît le trésor acquis aux temps de
promission. Une parole vibrante, un chant n'est jamais vain,
jamais ne s'évanouit. Prière ou hymne, ode, granit, langage
aux syllabes sonores et mesurées, fiction peinte, notes empor-
tées et palpitant dans une mêlée ordonnée aux mille fleurs
épanouies, l'adoration qui déborde du cœur de l'homme em-
prunte toutes les voix et tend éperdument, radieusement,
vers l'apaisement infini des sphères, par tout ce qui monte,

par tout ce qui s'exalte et s'exprime, universel, réciproque,
unanime amour, par tout ce qui constitue en définitive le bienfait inégalable et nécessaire du lyrisme.

Et entre les lyriques de tous les temps, Antoine Bourdelle
compte comme un des plus grands.

SECONDE PARTIE

CES pages allaient être imprimées, elles datent de
mai-juin 1929, quand, inopinément, le 1er octobre
au soir, les journaux donnèrent la nouvelle que
Bourdelle, dans la matinée, était mort. Je savais
bien que, depuis des mois, depuis même deux ou trois ans, en
dépit de l'activité de corps, d'esprit, de pensée et de parole,
qu'il n'abdiquait pas, l'état de sa santé l'obligeait à de pé-
nibles prudences ; je sais que, au début de l'été, je l'avais vu
— pour la dernière fois vivant — accablé par une inexplicable
fatigue, un peu ébranlé dans sa confiance peut-être, mais
néanmoins vite, aisément, chaleureusement emporté au
moindre souffle de l'enthousiasme, et je n'aurais pu désespé-
rer, ô mon ami ! ni penser que la Faucheuse fût si proche, et
que je ne vous reverrais plus.

Je vous ai revu pourtant, et ce me restera un très orgueil-
leux souvenir. Je vous ai revu, étendu, la droite posée dans
l'étreinte de l'autre main, le visage calme aux traits si beaux,
si purs, sur le lit où vous vous êtes endormi, dans le silence de
cette petite chambre, à la campagne, chez vos amis, sous le
linceul jonché de chrysanthèmes. Dans la pièce à côté, où se
pressaient des amis autour de la courageuse femme qui vous
fut chère, les dernières œuvres modelées par vous s'entas-
saient sur la table, sur une selle, sur une armoire. La tête
énergique et fine que vous destiniez au monument de *Daumier*, cette *Naissance d'Aphrodite accueillie par Éros*, ado-

rable évocation de l'hellénisme le plus frémissant, le *Combat*, autre face de la même illusion, des *Dieux et des héros* avec Pallas secourable bien que brandissant la lance, des bustes, cent recherches, cet essai de figure en pied à la ressemblance robuste de votre ami hospitalier et bon le fondeur M. Rudier, ces modèles de monuments pour Montauban, pour Montevideo, pour Marseille, pour Paris enfin, puisque l'État allait se décider à s'honorer en vous remettant la commande du monument national d'hommage et de reconnaissance au maréchal Foch : tout cela témoignait pour vous, tout cela s'exaltait auprès de vous, rigide et immobile, et témoignait de la puissance mouvante de votre génie, de votre inépuisable générosité de cœur et d'esprit, de la grandeur désormais sereine de vos conceptions harmonieuses dans leur structure, émouvantes par la force ou la grâce concentrée de leur élan, et expressives souverainement parce que, toujours, lyriques.

Trois jours plus tard, c'était dans un de vos ateliers de l'impasse du Maine que la foule, cette fois, de vos admirateurs et de vos obligés défilait en s'inclinant avec piété sur votre dépouille au cercueil. Et quelques-unes des figures que la ferveur de votre imagination et la savante hardiesse de votre facture ont douées d'une vie éternelle sortaient de l'ombre autour de vous et nous rappelaient, le cœur étreint, quelles furent votre puissance et la décision de votre personnalité. Des bustes, des visages portant des noms illustres ou que votre volonté a fixés désormais dans la mémoire humaine, ce groupe du *Bélier rétif* que vous chérissiez, parce qu'il attestait la vigoureuse fraîcheur de vos premiers débuts, et surtout le *Centaure mourant*, indompté, à la fois pesant sur le sol et les yeux élancés en plein azur, et qui, terrassé par une mort implacable et tourmentée, expire, en exhalant un soupir mêlé de douleur et d'espoir, la main tendue sur la lyre, orgueil et noblesse de sa vie.

Ainsi le souvenir de Bourdelle persistera-t-il, longtemps et à jamais, dans la mémoire des hommes, et non seulement chez les fils et petits-fils de ceux qui l'auront connu et aimé durant le temps de son séjour sur la terre, mais ineffaçablement tant que notre race ne sera pas éteinte, et l'on consacrera son œuvre comme un des plus nobles et des plus hauts que la pensée ait jamais créés ici-bas, et l'on mettra au jour, on glorifiera son exemple, car, ce qu'on ne sait pas encore assez quand on n'a pas eu l'honneur, le bonheur, de l'approcher, il fut, dans sa vie et partant dans son art, fondus indissolublement, il fut sans défaillance une probité, une bonté et une conscience.

Cela, allègue-t-on souvent, n'importe guère qu'un créateur splendide d'art ait, ou non, été probe, bon et consciencieux devant la vie, devant l'art même. On cite le cas, je sais bien, de plusieurs parmi les hommes de génie. Est-ce ici le lieu de discuter le poids de tels arguments? On me concédera que, pour le moins, la probité, la bonté et la conscience ne nuisent pas à la naissance non plus qu'à la pratique du génie. Il ne suffit pas qu'on soit probe, bon et consciencieux, mais c'est pour le génie un aliment qui le soutient, et qui en de nombreuses occurrences, l'empêche de faillir ou de céder. Et comme Bourdelle, sa vie durant, fut entouré d'élèves pour qui il se passionnait en se consacrant sans mesure au développement non moins de leur spiritualité que de leur adresse manuelle, il fallait que son enseignement se trempât de probité, de bonté et de conscience, puisque ses élèves, sans exception que je sache, les anciens et les récents, l'environnaient vraiment d'un culte de gratitude et du plus affectueux attachement.

En quoi consistait-elle, sa leçon? Une fois, j'obtins la faveur d'y assister, au milieu d'un concours d'élèves très nombreux, laborieux, attentifs. C'était au temps où certains prétendaient mettre en vogue la nécessité pour le sculpteur de pratiquer ce qu'on appelle la *taille directe*. Ces jeunes gens se trouvaient troublés par l'impétueuse autorité d'une telle affirmation.

Bourdelle se garda bien de nier les avantages que ce procédé de prime effusion et d'ardeur spontanée pouvait assurer au praticien, il se contenta de mettre en doute que les avantages en pussent contre-balancer les dangers et les insuffisances ; lui qui, même au regard de ses rivaux, de ses compétiteurs, de ses jaloux, passait pour n'ignorer rien des secrets d'une facture la plus souple et la plus rigoureuse, estimait sans profit qu'on se mît de gaîté de cœur à la merci d'une mesure mal calculée ou d'un irréparable défaut de mise en œuvre ou de résistance de la matière. Rien, contrairement à la croyance qui se répand, n'autorise à affirmer que les maîtres de la statuaire romane eussent, de cette façon, attaqué directement la pierre ; fort souvent ils ne l'auraient pu, en raison, par exemple, de la place où les figures sont situées, et du soin même avec lequel elles sont, dans le détail, achevées de toutes parts. Au contraire, n'est-ce parce qu'ils ont travaillé marbre, pierre, sans établir par des études successives, préparatoires, les exigences d'un ouvrage en projet, que nous en trouvons, chez les plus grands, qu'ils ont laissés inachevés, à l'état, du moins partiellement, d'ébauches, à l'état imparfait, à l'état presque d'abandon, de quoi, quand ils s'en aperçoivent et sont en vérité très grands, ils savent tirer parti et sortir des effets d'une puissance inattendue et suggestive ? Est-ce l'aveu implicitement que ce procédé est le meilleur, puisqu'il rencontre des effets que la volonté raisonnée n'eût pas songé à poursuivre ? Ce serait aisément accepter la collaboration du hasard dans la réussite des projets humains. Combien, en regard de la dizaine de chefs-d'œuvre qu'on cite, de morceaux demeurés à l'état fragmentaire, dont rien ne transforme ou n'excuse la fracture et le délaissement. Au sentiment de Bourdelle, une fois acquises les ressources d'un métier infiniment souple, sûr et difficile, qu'on maintient et qu'on développe par une assiduité sans répit, la seule chose véritablement et constamment indispensable, c'est le dessin, c'est la mise au point d'avance des relations, l'harmonie, le contraste concerté des masses, des profils, des rehauts et des ombres, l'ensemble et les accidents, les liens des détails à l'ensemble, le dessin, la mensuration et le dessin qui n'en est que la sensible et visible expression, et par quoi tout dans l'exécution est déterminé, nécessité, établi avec assurance.

Au cours d'une conférence que fit, un soir, Bourdelle à la Sorbonne, il suscita trois sculpteurs à qui on proposait en même temps le même ouvrage. « Ils sont bien les meilleurs, choisis dans les chantiers : les voici, tout droits dans leurs blouses ; ils sont des colonnes pensives, revêtus de cette vertu qu'est la poussière de rocher quand elle jaillit de l'esprit. » Tout de suite apparaît, par ces termes de mystère, rocher, esprit, souhaitée au point de fusion, la rencontre de la matière et de l'intelligence. Aussi, continue-t-il : « A ces trois sculpteurs-constructeurs, j'ai bien donné le même ouvrage : c'est un thème bref, un thème dépouillé. Je leur donne à tous trois de créer une forme, en appuyant leur vue, quant au modèle humain, sur la main simplement ouverte, allongée sous leurs yeux, d'un des compagnons de chantier. » Ainsi nous les représentons-nous tous trois, « colonnes pensives » en présence d'un thème « calme comme l'ordre ; il brûle dans leur âme, mais seulement pour l'éclairer ». Nulle intervention ici de passion ou de drame. L'un « a l'équerre forte, celui-là le compas, cet autre tient le fil à plomb ; ils ont tous le ciseau et la masse de fer qui recoupaient la pierre pour lui donner l'humaine et éternelle loi ». Ils sont, en ce qui regarde la matière, armés également, et sûrs de leurs gestes.

Mais le maître leur indique d'inscrire dans la pierre l'esprit ou matière de l'art, de demeurer purs au lieu du saint tourment, de garder soigneusement les profils constructifs, de nettoyer leur outil de toute crasse anecdotique, de rester surtout « dans le cœur du dessin ». Et il les a observés : « Un seul des trois ouvriers a regardé droit dans mes yeux, et j'ai vu sur son front une lueur nouvelle. »

Enfin, ils entreprennent l'œuvre. « Deux, d'un égal élan,

sont allés à la pierre et l'ont brusquée très vite. Les mains qu'ils ont taillées, imitées du modèle humain ou préconçues par leur pensée, sont certes des mains de labeur ; mais le groupe est commun des doigts, la paume n'est pas éclairée, le sang va sans l'esprit immense dans le torrent vivant des plans.

« Ils sont là deux bons ouvriers qui, l'un à gauche, l'autre à droite du sévère fronton rocheux, ont grandi, installé dans la pierre la main de leur humble modèle.

« Ils sont, certes, de fins ouvriers, ils ne sont pas des créateurs : ils n'ont pas terminé leur tâche et déjà leur route est finie.

« Pourtant ils ont un sourd instinct du beau, et je les apprécie si simples, se tenant là penchés, *graves en profondeur*, les yeux fixés au centre du fronton où leur grand compagnon travaille.

« C'est que, là, s'élabore, grande et sans se déprendre du roc, la droite lumineuse. La main suprême ineffaçable et terrible : elle porte l'esprit et la force innombrable dont même le repos semble créer encore.

« ... Et devant ce labeur d'un homme, j'éprouve l'angoisse divine, car par ce haut travail un maître d'œuvre est révélé. »

Qu'a-t-il donc fait, ce maître d'œuvre, que les autres auront omis?

C'est simple, mais essentiel. S'il a copié, il ne s'est pas contenté d'une copie. Mais non, qui ne fait que copier ne créera jamais. D'abord, il a interrogé la matière dont il dispose, elle détermine les possibilités de son dessin. La pierre, qui est douce et vénérable, ne doit pas être violentée. « Les malheureux sont légion, qui indifféremment imposent la même ligne à tous les matériaux qu'ils peuvent massacrer directement ou indirectement... L'art est adaptation, traduction dans l'accent, dans le caractère et le génie *du support employé. L'art n'est donc pas seulement d'imposer à la pierre des copies* d'êtres ou d'objets. L'art est transformation. »

De plus, cette main humble qui est le modèle n'aurait point de sens à n'être qu'elle, sans plus. Il faut en elle, en ses secrets intérieurs que la surface exprime, découvrir, déceler ce qui est son sens, sa raison d'être, son au-delà et sa relation avec le divin, sans s'écarter jamais de la vérité immédiate.

Étude, étude renouvelée, par à peu près successifs, obstinés, mensuration, aspects et modalités des profils, mobile dissimulé aux nœuds et détentes de l'intérieur, volonté combinée à l'instinct, voilà ce qu'il sied que l'artiste, l'ayant compris, établisse et équilibre. Études de sensibilité et de contrôle conscient appariées sans cesse et se complétant, telle est l'œuvre, dont l'achèvement final dans la matière, selon qu'elle s'y adapte et y consente, constitue, en dernier lieu, la présentation la plus exaltée, la plus concentrée, la plus lumineuse et émouvante, la plus complète que, à la mesure de l'âme de l'artiste, il soit actuellement possible de réaliser.

« Ainsi naissent parfois des plans si purs, dans le marbre, qu'ils redressent l'humanité.

« L'*Apollon* d'Olympie et le *Thésée* d'Athènes semblent bien être dans nos ombres comme la sagesse apportée. Platon respire dans ces marbres ; la voix du vieux rhapsode Homère y retentit dans la beauté, et si le sage souverain forme dans notre esprit les fleurs de la raison, et si la lyre de l'aveugle sonne comme la voix des dieux : l'œuvre des sculpteurs grecs semble être la place exacte de la méditation de Dieu. »

Certes, l'ambition d'un Bourdelle ne fut point mesquine. Et ses réalisations la justifient.

◘

Un tourment singulier a longtemps gêné dans son éclosion la vigueur originale de Bourdelle, une profonde, une inéluctable insatisfaction de ce qu'il lui était possible de faire. Déjà, et tout de suite, sans préméditation, il s'était soumis à la grande loi, base essentielle, trop négligée depuis des siècles. Les années d'apprentissage dans l'atelier de son père lui rendaient inconcevable qu'un ouvrage sorte des mains de l'homme et ne soit pas construit de façon à tenir debout par lui-même, sans appui étranger, et dans le dessein même ou l'équilibre de son utilité. Pourtant, l'art ne tient pas entier dans des exigences de stabilité matérielle, le rythme ou respiration secrète et vie de ce qui est beau s'amplifie dans le mouvement et y précise ses significations, élan concerté d'accord avec la matière de l'âme vers le divin. Souvenons-nous de cet aigle captif qu'il vit dans son enfance, à l'origine presque inconsciente de ses méditations d'artiste.

« Ce maître de l'azur — a-t-il compris plus tard — ce grand ailé à pur aspect mathématique[1], conçu tel un total de chiffres animés, supporte un génie prisonnier qui guide son regard. »

Il était lié par une corde au rocher. Il s'essayait en vain à l'essor, désespéré. Enfin, d'un élan effréné, il se délivre, et alors, écrit Bourdelle, « tu as bondi, puis tu as hésité, tu es monté, puis tu as attendu le conseil de ton âme, et cette âme a lancé ton corps dans son destin ; alors tu as tracé, dedans les vents dressés, l'ellipse de ton apogée. Tu n'as pensé qu'à l'envolée ; ton génie était dans les astres et tu l'as rejoint dans ton vol.

« Mon cœur alors a crié vers le tien, et un autre regard que celui de mes yeux mortels est né alors dans ma conscience. Je venais soudain de savoir. »

Longtemps, longtemps le jeune homme s'était senti en-

---

1. Un peu plus haut, il le décrit : « Son corps, tout avare de courbes, formé d'angles et de rectang'es, déshérité des aimables contours qui auraient pu troubler l'élan ; ses dehors anguleux, comme conçus par l'esprit de vertige tant les formes étaient à pic, tant le bref regard, par saccades, semblait scruter ses pans roides et resserrés, brusqué comme ceux des abîmes... »

chaîné au rocher. Comment faire? Que voyait-il? Son père, les ouvriers tailleurs de pierre, ses oncles, lui avaient enseigné la probité dans le labeur, les lois aussi, qu'il sied que l'on respecte, de la matière. Elle comprend, la matière, comme elle a ses exigences qui lui sont propres, elle consent ou elle souffre. Et voilà que, soumis aux leçons d'où ses aspirations généreuses ambitionnaient de tirer les conseils, la méthode, les adjuvants suprêmes et indispensables de l'art, il entendait ses premiers maîtres ne parler que de routines dépourvues d'âme et de sens profond, ne recommander que des moyens de pratique périmée et de ruse bien banale. Imagine-t-on quelle dut être la douloureuse et muette indignation de Bourdelle, inexpérimenté et stupéfait, dans les ateliers de Toulouse, puis de l'École des Beaux-Arts? Mais, enfin, il était à Paris, il y avait les monuments publics, il y avait le Louvre, le merveilleux enseignement des âges lumineux, l'Assyrie et l'Égypte, la Grèce sacrée, les romans, ceux des grandes églises gothiques, les renaissants de Florence, les décorateurs de Versailles, quelques portraitistes du XVIIIe siècle, la belle lignée de Houdon à Rude, à Barye, à Carpeaux, s'achevant actuellement par Rodin. Que de sujets de réflexion, quel abîme insondable à l'étude, quel étourdissement de sublimités et de splendeurs ! Quel embrasement superbe des idées chères à son esprit, qui soudain les renforçait, leur donnait corps, les vivifiait, les justifiait dans la magnificence de leur vigueur épanouie et diverse !

Les difficultés de l'existence, la pauvreté contraignaient Bourdelle à rechercher des travaux lucratifs. Rodin le prit dans ses ateliers, fit de lui son ouvrier, son praticien. Pendant des années, il se plie aux exigences d'un art fiévreux, d'impression mobile et ardente, qui rompaient sa facture aux ressources les plus séduisantes, les plus expressives, les plus subtiles. Accoutumance féconde, certes, pour lui et révélatrice jusqu'au prodige ! Et puis le maître lui dévoilait sa pensée, le soutenait dans la foi de l'art, stimulait même, s'il en eût été besoin, et du moins confirmait, par l'exemple de sa vie et de sa parole, l'ambition de plus en plus lucide de son disciple.

Mais Rodin fut toujours pour ceux qui l'approchèrent un maître aux idées arrêtées, farouche, borné à ses propres recherches et décevant pour les autres. Il tenait à un praticien aussi magistral et sûr que l'était à son service Bourdelle. Il s'ingéniait à l'absorber, à éteindre en lui les divergences de la personnalité. Bourdelle produisit, alors, pour son compte, bustes, bas-reliefs, médaillons, groupes, en vérité du Rodin, mais du Rodin à la fois très docile et où l'on sent sourdre de l'impatience. Il s'était presque laissé aveugler. Soudain, il se délivra. On venait de lui commander pour sa ville natale, Montauban, le monument aux morts de la guerre de 1870. Il y appliqua, avec ce qu'il savait, ce qu'il pressentait : tumulte où de la confusion sa nature personnelle se dégageait, car déjà il prenait conscience, pour un si important ouvrage, de la nécessité de construire, de s'établir dans le stable et de poser dans l'équilibre sa composition. Par là il échappait à Rodin. Ardeur tourmentée du mouvement, passion refrénée des figures en contraste et en harmonie, en dehors de tout instinct sensuel, des réminiscences encore de son despotique et séduisant modèle, mais, en outre, des échappées sur quelques horizons divergents.

Nulle surprise qu'il ait eu recours à de puissants appuis : et l'on a pu prétendre, sous de spécieuses apparences, qu'il s'imposait de reproduire les sculpteurs primitifs de l'Hellade, les imagiers romans, les décorateurs des grands palais asiatiques... Non, il se rendait compte de ce qui, dans le passé héroïque, fut le moyen naturel, nécessaire par qui chacun d'eux s'exprimait. Il puisait à leur exemple sa force dans le conseil même de la matière, en y adaptant la forme de sa pensée intime. En d'autres termes, il comprenait que tel projet par lui conçu posant le même problème que ceux qu'ont réalisés les uns ou les autres, ils l'eussent résolu dans leur franchise selon des données conformes au vœu de la pierre et à la fois aux impulsions de leur tempérament. C'est en cela, à élire ce point de vue, à se situer au cœur d'identiques préoccupations urgentes et dominatrices, qu'il leur ressemble, et aussi par ce besoin de résoudre les données de son art en fonction de l'édifice dont émanera la leçon austère, la totale expression, et par cette fusion de ce qui est dur, résistant, solide aux éléments infinis, à l'univers qui nous enveloppe.

Si, ainsi entendue, « l'œuvre des sculpteurs grecs semble être la place exacte de la méditation de Dieu », si « la pierre a construit la lumière » — pour répéter les saisissantes formules de ce voyant concentré et lyrique — c'est aussi que « la pierre parle avec l'ouvrier » ; mais l'aigle n'est pas tout entier en l'envergure terrestre de ses ailes éployées : avec lui que ton génie soit dans les astres, où tu le rejoindras dans son vol !

En dépit des filiations renouées, des apparences ou airs de famille, il n'y a jamais copie, les traditions se trouvent partout dépassées, transformées, ployées à des usages différents, parce que les âmes ne sont, ne sauraient être en tout semblables ou équivalentes. N'y eût-il, dans le sentiment, la pensée ou l'expression, qu'un élément de dissemblance, pourvu que sentiment, pensée, expression existent à l'état d'ingénuité et de pureté, il ne peut plus être question de copie ; la copie est le néant qui singe l'être et, par conséquent, est néant, rien que néant. Il y a adaptation, transposition, une transformation exaltée ou atténuée à quelque degré que ce soit, il y a une personnalité qui s'affirme avec ou contre d'autres ressemblances, cela suffit.

Mais qui nierait que de Bourdelle la personnalité ne fût prépondérante? Ce bouillonnant esprit, ignoré du repos, imaginait, comparait, illuminait d'éclairs géniaux une science à qui rien, comme il disait, des techniques (et elles sont nombreuses) de son métier n'était fermé, secret ni indifférent.

Autant il avait en exécration les insanes simulacres de gestes, d'attitudes, d'héroïsmes mélodramatiques et de grâces mièvres qui se ressentent du vide de l'esprit, du cœur non moins que de l'incapacité manuelle, autant il révérait l'enthousiasme sincère, curieux et informé, l'ardeur du songe, de l'émotion, la sensibilité de l'âme et du corps, autant il se conformait avec une patience enjouée et tranquille aux noblesses d'un labeur long, réfléchi, conscient de soi et de sa portée, sans souci, n'en ayant le temps, des honneurs dont se contente la médiocrité de la plupart des hommes, ni du gain, qui fait la sauvegarde des jours à venir et assure à ceux qu'on aime le repos. Son art, lui seul, comptait, et, autre chose en plus, l'art sans accep-tion d'aucune forme ni de personne, l'art, sa religion, sa pas-sion, sa vie. Il le respirait, et en lui c'est l'art aussi qui res-pirait.

◘

J'aurais désiré, en ce livre de piété et d'admiration raisonnée non moins que sentie, faire sonner mieux que les motifs de mon enthousiasme et du grandissement personnel que la vue de l'œuvre de Bourdelle m'inspire. Il y a plus noble encore que son œuvre et que le cerveau qui l'a conçue, ou que la main qui l'a exécutée. Il y a plus haut que l'artiste. Il y a son égal qui ne le surpasse que parce qu'il le contient, il y a l'homme.

Quiconque a approché Bourdelle, qui a vécu à ses côtés et, ému, l'a regardé, aimé et compris, ne saurait ignorer que son génie, sensible et héroïque, n'a jamais par l'œuvre exprimé un moment rare ou spécial, mais son âme entière y émane visible, s'y réalise et respire.

Des saisons, des années, des siècles s'écouleront. La renom-mée du sculpteur subira les habituelles fluctuations de la gloire retentissante à la vague confusion d'un relatif oubli. Mais son nom ne périra jamais, il est l'honneur de la pensée humaine qu'il illumine d'un rayonnement de lucide audace et de délicatesse affinée et tendre, au même titre que les noms de Victor Hugo, de Beethoven et de Rembrandt.

Par lui a pris corps un rêve à la fois douloureux et céleste, il ouvre à nos cœurs affamés de supraterrestre harmonie la région de certitude où l'homme aux dieux se fondant s'arrache des vilenies d'ici-bas et s'épanouit, comme eux, en pleine lumière, pur, bon et heureux.

Oui, de ce vivant d'hier encore, de ce passant coudoyé comme nous tous dans la rue par le vain tumulte des agitations banales et grossières, je l'affirme, sans crainte de ce qu'apportera le recul des âges ; bien qu'embarrassé aussi des pieds et du corps par l'inextricable horreur des bassesses environnantes, des hypocrisies et des lâchetés quotidiennes, Bourdelle élevait dans la nue un front altier, son regard s'embrasait à la plénitude libératrice de clartés merveilleuses.

Qui mieux que lui, du jour de sa naissance à celui où il disparut de notre monde, s'est imprégné de cette loi universelle qui est celle, absolue et constante, du rythme? Le rythme joint entre eux les êtres d'un univers à l'autre, circule et grandit, omniprésent, en tous lieux révélateur ; il conduit chacun à tous, se multiplie, se disperse, se prolonge et se résorbe, et à l'infini suscite ce qui est divers, mais perpétuellement aussi et secrètement ramène avec soin chaque atome particulier à l'ensemble dont il dépend.

Le sentiment d'une telle effusion, d'une telle irradiation continue et diverse, le sentiment de cet incessant retour, à travers le temps et l'espace, de la particule la plus infinie en tant que condition, en tant qu'élément, en tant que résultat et conséquence des plus démesurées grandeurs perçues par nos sens ou devinées, créées par notre imagination, ce sentiment d'intime, de réciproque et de formidable échange, de parenté active entre toutes les choses de la réalité, toutes les espérances, les illusions, les élans, les calculs, les prévisions et les

intuitions obscures ou effrénées, tous les désirs de nos réflexions, de nos passions et de nos songes, traduit en ceux qu'il
possède et stimule une générosité sereine et instinctive : au
visage se reflète l'enthousiasme d'une bonté totale, entendue
selon sa signification la plus large de magnanimité ardente et
lucide.

La bonté de Bourdelle était inépuisable et féconde. Il n'aurait pas supposé qu'il fût possible d'être autrement, tant elle
lui était innée, naturelle et foncière. Au surplus, pourquoi s'en
serait-il inquiété, pourquoi se fût-il interrogé, puisque, étant
tel qu'il était, il ne portait en lui rien qui ne fût grandeur
d'âme, confiance, ferveur de l'élan, embrasement et profusion?
De cette bonté l'œuvre constitue la démonstration la plus évi-
dente et réfléchie, comme elle en est la plus durable. A mesure
que les siècles auront passé, les esprits conscients frémiront,
déliés de préventions et de méfiance qui les bride, à la sérénité
de cette révélation de bonté plus qu'humaine, de héros et de
dieu, par quoi son œuvre vibre et s'éternise.

Jamais l'attention de Bourdelle ne s'est lassée du spectacle
assidu de toutes les minutes de l'existence. Les hommes
n'étaient point seuls à se l'attacher, mais les moindres objets,
les moindres créatures. La sollicitude empressée qu'il mon-
trait aux moineaux familiers, égayant éperdument en foule le
rebord de ses fenêtres, ne provenait pas de la simple habitude
ou du fait d'un devoir consenti par réflexion, mais d'une nécessité de son tempérament. Leur essence participait à la
sienne ; leurs jeux, leurs piaillements, leurs luttes s'amalga-
maient à ses préoccupations, à ses joies de chaque jour, ils
augmentaient sa famille. En s'intéressant à eux il pénétrait,
en dehors du cercle des strictes obligations humaines, à
d'autres vies issues d'une même source et tendues dans une
même direction ; il se réunissait à d'autres catégories d'êtres
aussi importants ou aussi futiles que nous le sommes, relative-
ment aux exigences et aux desseins de l'Univers ; comme nous,

ils sont subjugués par les vicissitudes de l'heure où ils respirent, comme nous ils sont promis aux libérations de l'avenir :
petits esprits, cœurs fraternels, âmes émues et délicates, palpi-
tations menues de l'universel rythme et de l'amour.

Envers ses amis sans cesse il était en éveil. Il ne se conten-
tait pas des paroles sans portée. Leurs tristesses étaient les
siennes ; il savait avec la persuasion de sa foi en la beauté qui
est en tout et partout les submerger de pensée radieuse et
haute, il les éveillait à sentir en leur cœur le frisson secret des
grandeurs qui s'y cachaient. Il appréciait à un degré suprême
la franchise de la pensée, la pureté instinctive du cœur. Aussi
l'amitié était-elle un besoin de son âme. Je me rappelle, au
mois de novembre 1928, lorsque l'affligeait la perte du « peintre-
ami Mathieu Verdilhan », ce qu'il m'en écrivait, plein d'une
douleur discrète mais regorgeante : « Le ver partout sur la
lumière. C'était un cœur divin ce garçon-là et un talent tant
pur. J'avais pu l'ôter de dans l'ombre. Il a vécu sept à huit
ans, heureux, aimé. Mais un ami de moins c'est au cœur un
peu moins d'aurore. »

Aimer, être aimé, pour lui ce fut l'essentiel. Si, après les
années humbles, actives et vibrantes d'une enfance pénétrée
de tendresse, auprès de sa mère, de ses « quatre dieux : père,
oncle paternel et les deux aïeux », sa vie se heurta longtemps
aux obstacles d'une incompréhension sournoise, obstinée,
malveillante, d'un destin hostile et décevant, la foi de ses
convictions premières, la générosité et la fraîcheur jaillissante
de son âme n'en sortirent point déveloutées ; il a radieusement
abordé aux rivages d'un bonheur terrestre, le plus parfait qui
fût, avec une ingénuité profonde, avec la plus virginale paix
du cœur, avec la même tranquillité de l'esprit, et ses yeux
s'emplissaient d'une eau lumineuse à s'éprendre également de
la beauté des prestiges humains, reflets de l'au-delà, d'où il a
extrait, élargi, construit, édifié vers le ciel témoin un monument éternel d'espérance et de bonté que nous admirons, d'un

bloc, dans sa totale signification de beauté matérielle et intellectuelle, unanime et sans mélange.

Ainsi non seulement pour son art, pour les autres arts, ce poète, ce peintre, ce rythmicien, cet architecte-sculpteur, ce maître d'œuvre se prodiguait sans compter, mais pour son foyer, pour ses amis, pour ceux, humbles artisans, gagne-petit en qui il reconnaissait ses pairs par le labeur et le désintéressement, par les dons du dévouement et de l'affection, pour ses élèves, les anciens, les récents, envers qui il lui apparaissait que c'était sa tâche sans rémission d'aplanir des voies hérissées de difficultés dures et superflues, et aussi de leur mûrir en les instiguant à la réflexion la conscience de leur art fervente et raisonnée. Tous se ressentaient du bienfait de la joie qu'il avait à leur être utile, à se donner ; tous lui rendaient en respectueuse déférence, en confiance, dans leur sincérité, hommage pour son accueil compréhensif et chaleureux, pour la générosité que sans réserve il étendait sur eux.

C'est ainsi très justement qu'il passa ses dernières années dans l'affection clairvoyante et douce de celle qu'il avait choisie pour être la compagne assidue de sa vie, dans l'affection de leur fille, de ceux de sa race et de son entourage, dans l'aftion religieuse de ses élèves et de tous ses collaborateurs, emplis d'une admiration pour lui non moins attendrie qu'absolue : j'en appelle au témoignage d'un homme qui fut au plus près de son cœur, parce qu'il était le plus précieux, le plus dévoué des collaborateurs et en même temps l'ami qui, avec une abnégation profonde, lui assura le repos de ce suprême été dans sa retraite du Vésinet. M. Rudier le soignait de telle sorte qu'un jour, parlant de lui et de sa femme, Bourdelle avait dit : « L'affection des Rudier est si touchante qu'elle devrait me guérir. » Il proclamait souvent aussi, je me souviens l'avoir à plus d'une reprise entendu, qu' « à la Renaissance seulement il y avait eu des fondeurs d'une valeur égale à celle de Rudier ». Duquel des deux l'amitié, l'attention, réciproques, furent-elles les plus grandes?

◘

J'étais, dit Phèdre, parlant d'*Eupalinos*, « lié d'amitié avec celui qui a construit ce temple... Il me parlait volontiers de son art, de tous les soins et de toutes les connaissances qu'il demande ; il me faisait comprendre tout ce que je voyais avec lui sur le chantier. Je voyais surtout son étonnant esprit. Je lui trouvais la puissance d'Orphée. Il prédisait leur avenir monumental aux informes amas de pierres et de poutres... Je ne sépare plus l'idée d'un temple de celle de son édification. En voyant un, je vois une action admirable, plus glorieuse encore qu'une victoire... »

Est-ce d'Eupalinos, est-ce de Bourdelle qu'il fut parlé ainsi? Tous deux, constructeurs au même degré, tous deux — lui aussi, le maître génial, le sculpteur — tous deux, selon les convenances du destin et de leur savoir, ont été également le maître d'œuvre, l'architecte de tels « chefs-d'œuvre entièrement dus à quelqu'un et qu'on entend sous les cieux sereins « chanter par eux-mêmes ».

[Bourdelle avait, de sa main, au dos de certaines des épreuves photographiques qui suivent, inscrit les annotations que nous reproduisons ici.]

PLANCHE 16. — *L'Archer Apollon (tête)*. — « Ma plus sérieuse étude. — J'échappe là à l'influence de mes maîtres, Falguière, Dalou et Rodin. » — Il ajoute : « Tout ce que m'a appris la pratique assidue du pastel tient dans cette tête. »

PLANCHE 31. — *Monument de Alvear (ensemble)*. — « Une des vues d'ensemble du monument au brigadier-général de Alvear. Buenos-Aires, 1914-1918. 25 mètres de haut environ. Dans tous mes monuments, l'Architecture et la Sculpture sont conçues d'un bloc. »

PLANCHE 33. — « Tête avec buste prise de la figure équestre du général Alvear. — Travail qui va de 1912 à 1918. »

PLANCHE 49. — « Face, *Fragment* de la France saluant l'Amérique. — Date : 1926 environ. »

PLANCHE 60. — [*Extrait d'une lettre du Maître (27 juin 1929)*] : « Vous ne pouvez savoir que l'on construit à Montauban (*ma ville natale*) un monument « aux morts de la dernière guerre ». Il mesure environ 20 mètres de haut ; il est constitué de *douze colonnes*-poteaux de 16 mètres de haut. Je dis colonnes-poteaux parce que ce monument français et de petite ville pauvre n'a pu s'exécuter qu'en béton armé. Or, si une colonne de pierre ou marbre, faite d'assise, ne peut s'élever *en aucun cas* au-dessus de huit fois son diamètre, nous pouvons et nous devons en béton armé et justement en accuser le *matériau* de granit naissant et d'acier. Perret appelle le béton armé de bonne qualité de ciment et de bon gravier de rivière *le granit naissant*, — devant selon lui normalement durer plus longtemps que le granit déjà vieux quand on le découvre.

« ... J'ai donc conçu un monument de douze colonnes-poteaux, 16 mètres de hauteur chaque poteau. Une frise-cadre rectangulaire les relie toutes dans la hauteur ; il n'y a pas de toiture.

« Cela constitue comme un temple étroit de nos admirables peupliers du pays. Le vent d'antan là-dedans chantera ses drames de feu et de foudre et pleurera ses andantes. Au centre de la colonnade, j'ai placé un grand cube-autel monté sur une terrasse longue, rectangulaire aussi. La part d'*architecte* est capitale encore dans ce monument, et cela on ne le sait pas assez ; lorsqu'il s'agit de mon œuvre, il y a deux parts, deux pôles opposés : le sculpteur-analyste, voir le *Krishnamourti* et l'*Apollon*, — et voir l'ensemble Mickiewicz...

« Un architecte disait, ces jours derniers : « C'est très cu-« rieux, ce monument polonais a une face pour chaque avenue « et est cependant tout concentré en lui-même et vers le ciel « par l'élan total du fût et par le poète élancé là-haut.

« ... En plus..., le *monument de Montauban*, mon cher ami, « est veillé par la grande figure de la *Victoire veillant sur nos* « *morts*, et mesurant, du bas de ses trois socles superposés de « plans au faîte de sa pique, 9 mètres, un beau bloc de « bronze... »

TABLE DES PLANCHES

Les photographies des œuvres de Bourdelle reproduites dans ce volume proviennent, pour les planches 1 à 3, 7, 8, 10, 12 à 14, 16, 18 à 25, 30 à 33, 36 à 39, 41 à 43, 45, 49, 52 à 54, 58 de l'atelier Bourdelle ; pour la planche 9 de l'atelier Choumoff ; pour la planche 17 des Archives photographiques d'art et d'histoire ; pour les planhces 34, 46, 50, 56, de photo d'art Rosenmann ; pour la planche 44 de photo Marc Vaux ; pour les planches 4 à 6, 11, 26, 27, 47, 48, 51, 55, 57, 59, 60, de la Librairie de France.

2

4

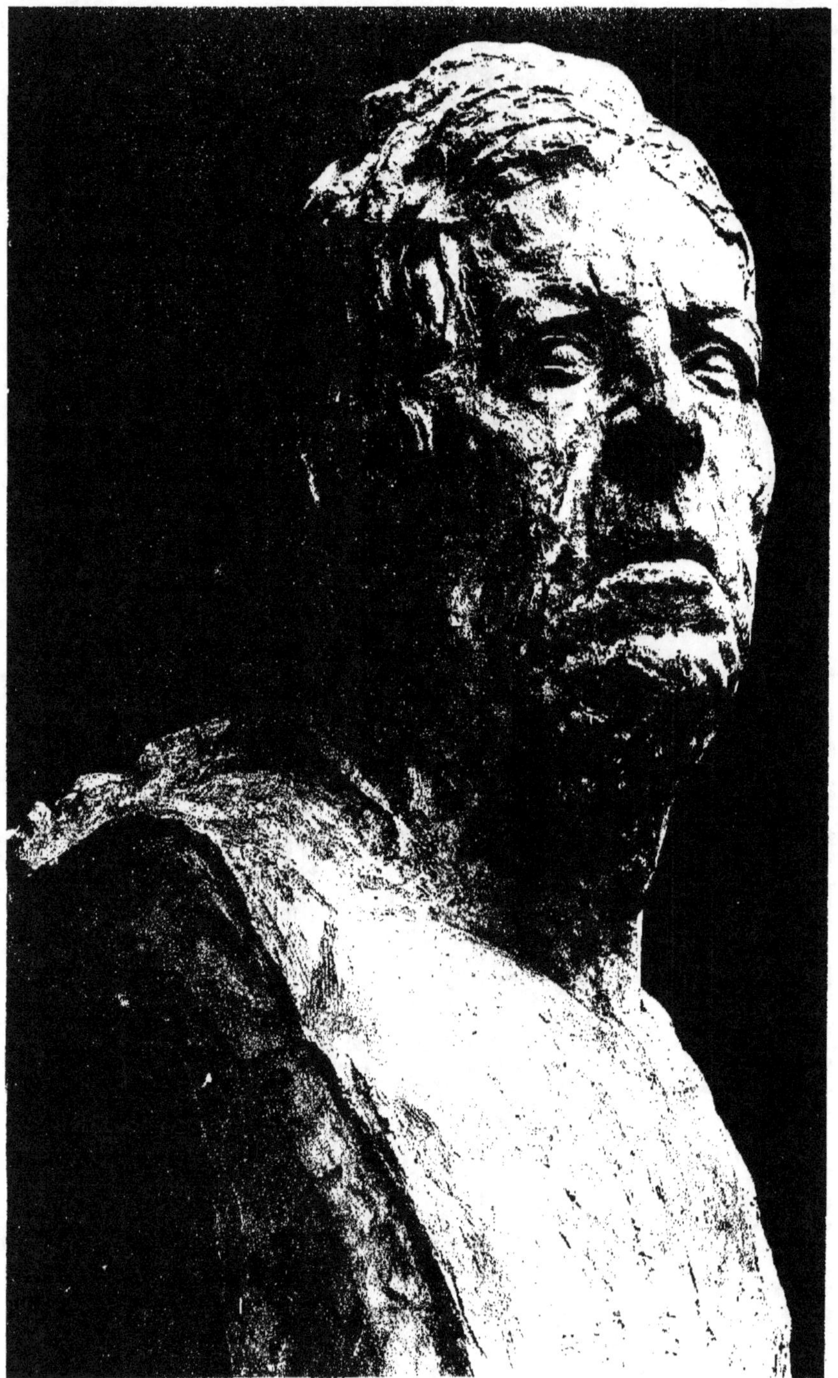

MOI JE SUIS
BACCHUS QUI
PRESSURE POUR
LES HOMMES LE
NECTAR DELICIEUX

13

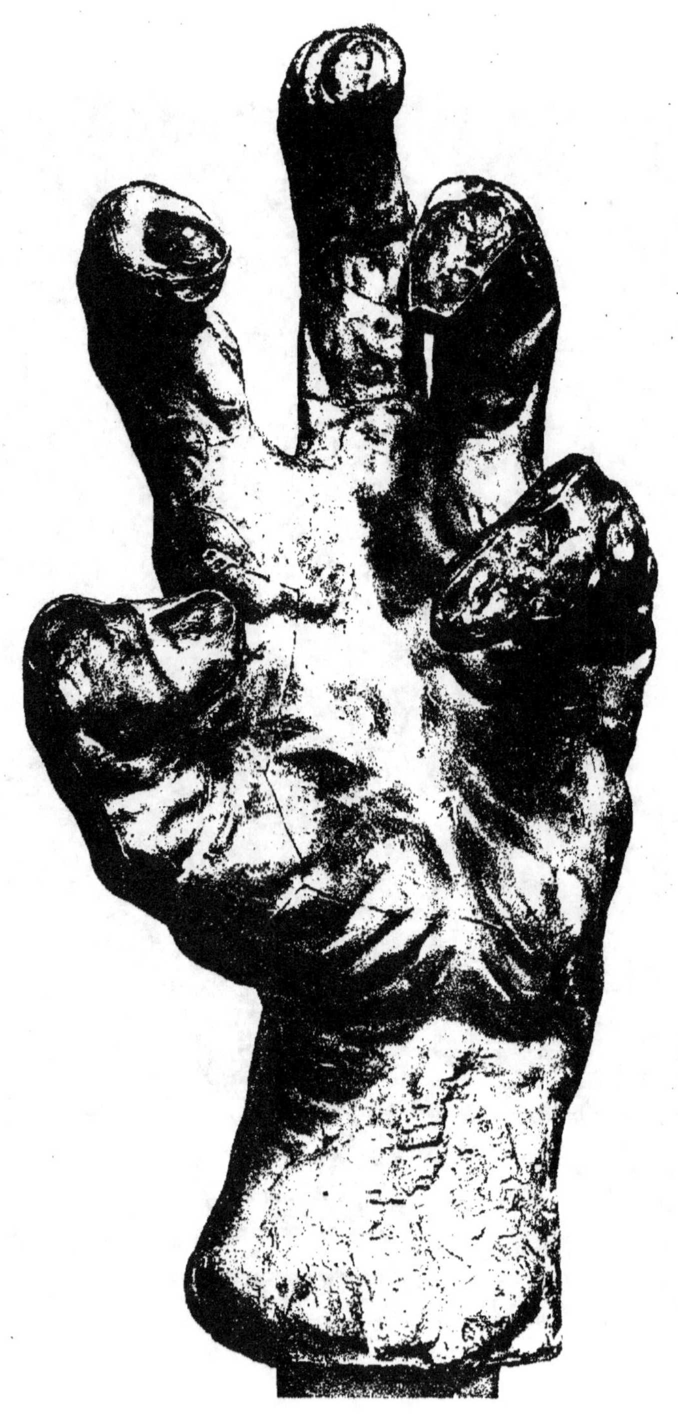

18

22

26

30

32

34

DIT : J'AI ÉCOUTÉ
LE CHANT
TRIOMPHE POUR
LE POÈTE
LES PROJETS
SERONT ACCOMPLIS

38

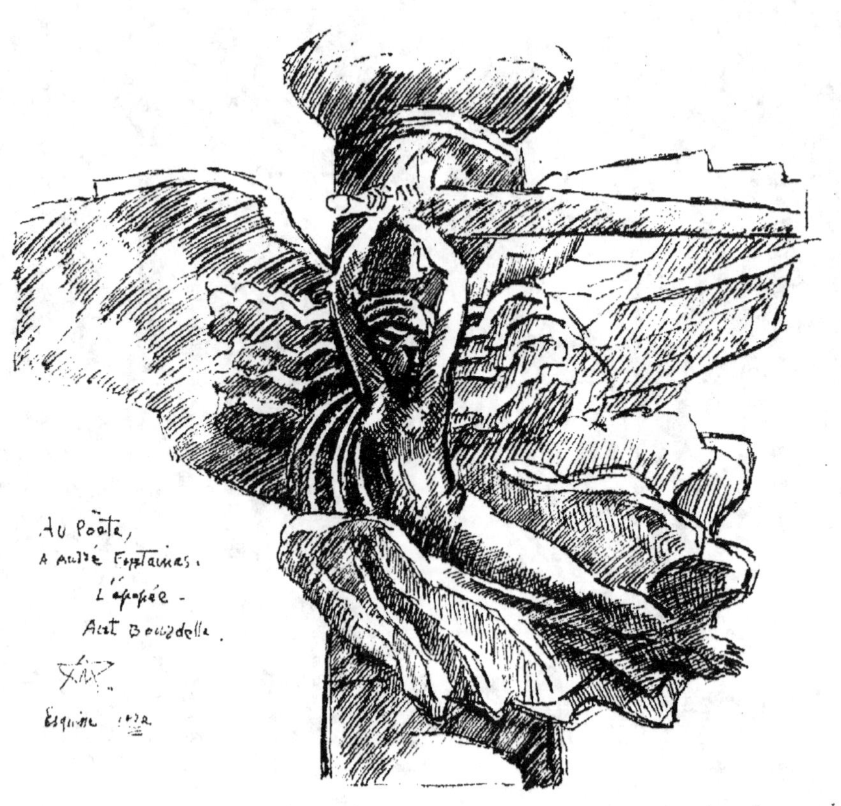
Au Poète,
A André Fontainas.
L'épopée -
Ant Bourdelle.
Esquisse 1932.

43

44

45

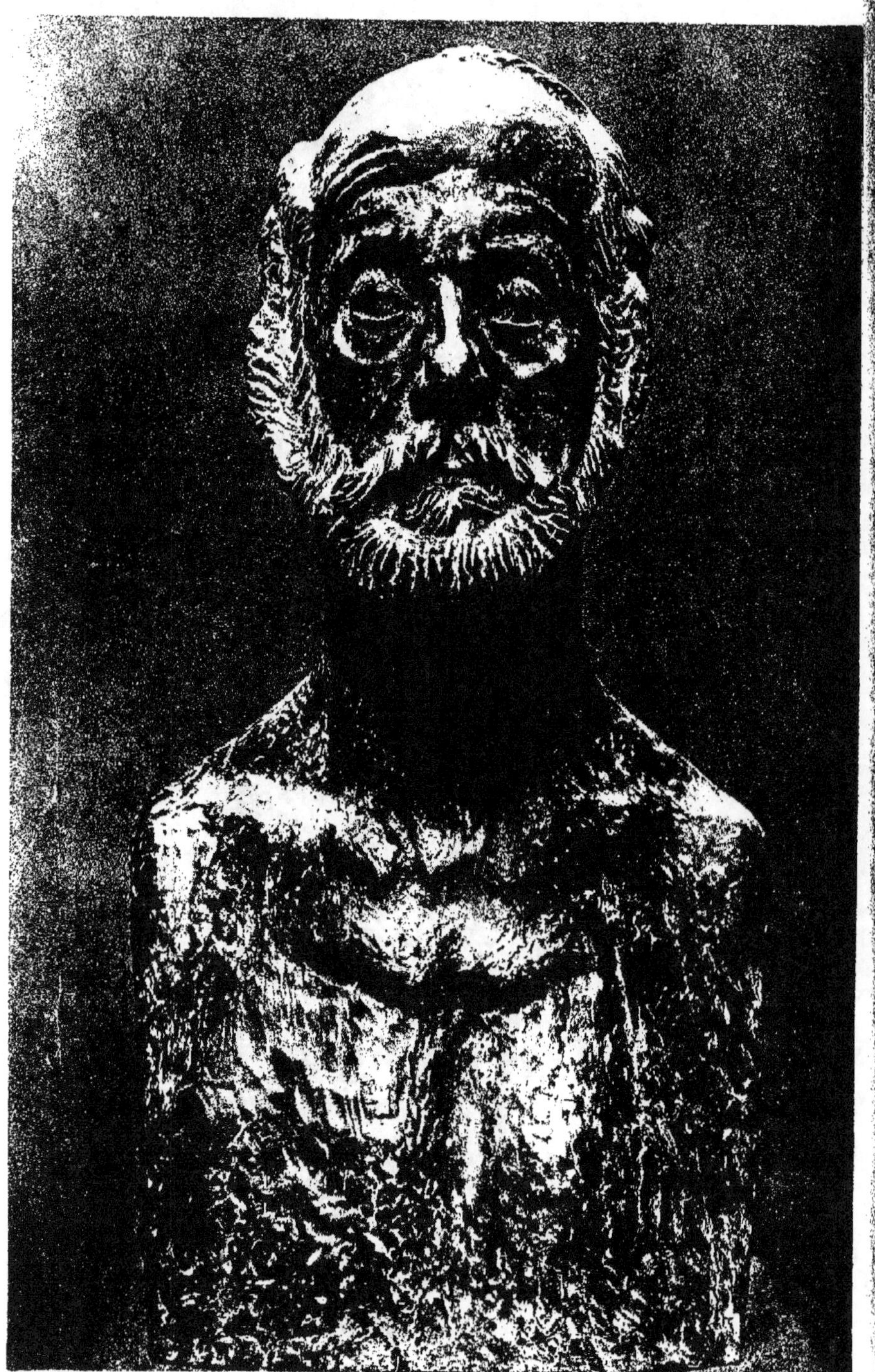

49

TABLE

PAR ORDRE DE MATIÈRES.

Hazebrouck. — Imprimé chez L. Guermonprez.